手のひら予報

日笠雅水

Palm reading for happiness

Hikasa Masami

運命は変えられる

運命は変えられます。過去は無理ですけどね、今現在や未来なら変更はいくらでも可能です。

例えば私たちは誰もが『自分の人生』という映画の主人公です。シナリオライターも演出家も監督も、自分の人生という作品を創り上げていくのは、自分以外の何者でもありません。中指に向かって伸びていく運命線は、自分自身の自己プロデュース力が刻んでいきます。

さあ、観客となって今の自分を見てみましょう、今、どんなシーンが見えていますか？　盛り上がってる？　退屈してる？　ロマンスしてる？　バトルをしてる？　色彩のない静止画像にはなってない？　主人公の表情はどうですか？　笑ってる？　泣いてる？　ドンヨリしてる？　次の自分の表情は心と考え方ひとつでどんなふうにも変わっていきます。

もちろん周りには共演者もたくさんいて、今のシーンという環境は変えにくいかもしれません。でも、同じシーンの続きでも、心象風景はいくらだって変えていけます。私が占いの中でも手相に強く魅かれているのは、手相はいくらだって即時に変えていけるから。手相というと手のひらに刻まれた線で占うと思ってらっしゃる方も多いようですが、手の姿勢や指の伸ばし具合もひとつの大きな鑑定の目安になります。心がバラバラになっている時は、指の先もバラバラな方向を向いています。自信や気力のない時はぐんにゃりと曲がっているし、力み過ぎている時は赤みを帯びて手全体が堅く緊張しています。

さあ、例えば今の自分の手、右手と左手を合わせてみましょうか、いわゆる合掌のポーズ、指を伸ばして力を抜いてから力を込めて、手のひらの暖かさを感じてみましょう。暖かいでしょ、この暖かさがあなたが今生きてる生命の力です。手の姿勢が整っている時、心の状態も整っています。祈ってみてあげてください、自分のために、自分のために祈る力が幸せな人生への活力となります。悲しい時は悲しいことばかりを思い出すし、幸せな時は幸せな自分を思い出せます。

心の低気圧は心の中に雨を降らすし、意識の高気圧は運命に晴れ間をもたらせてくれますよ、とにかく人生のこれからは自分の手のひらが握っています。より良き人生を、ボンボヤージ♪

手のひら予報　目次

ようこそテソーミルームへ

手のひらの基礎知識

手のひら恋模様

手のひら未来予報

手のひら予報プラス

手のひら予報

あなたの手のひらを
開いてみてください

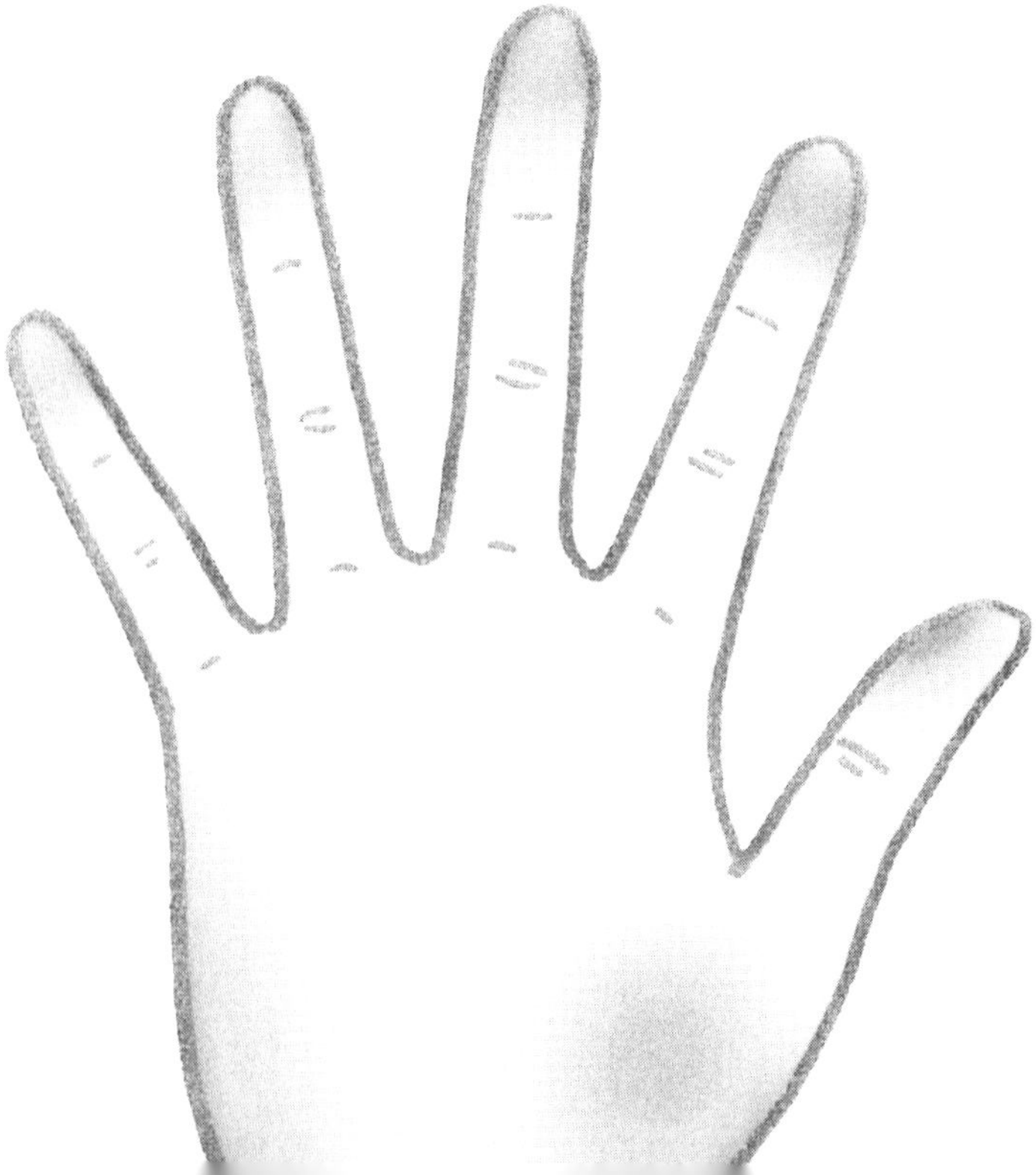

何が見えますか？

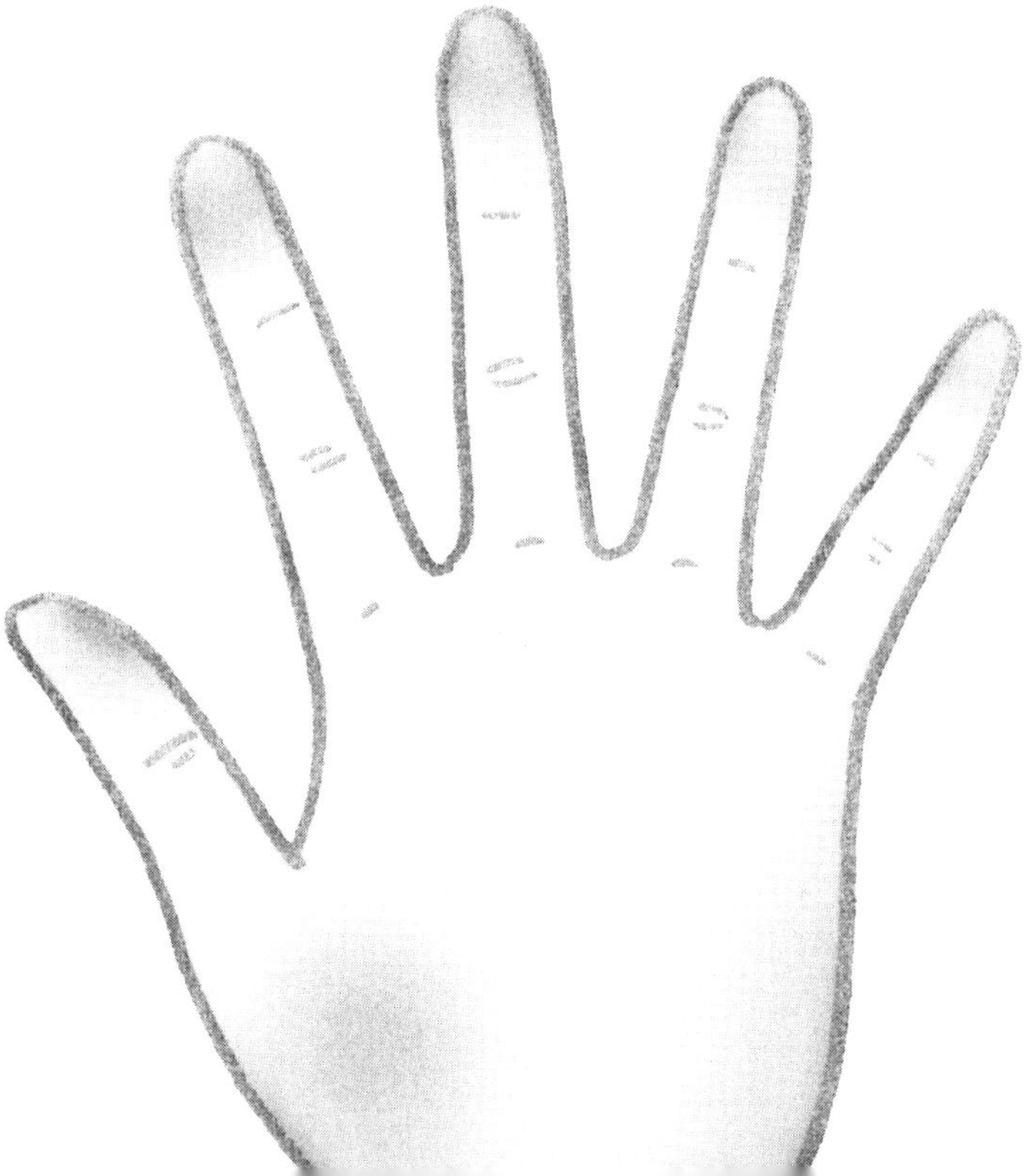

線の流れを観てみましょう

手相を理解するためには、まず以下の主要線の流れと意味を知ることから。それぞれの線が、クッキリと勢いよく伸びている方が良く、運気が強いことを表します。

生命線

親指と人さし指の付け根の間から手首に向かって流れる線。生命エネルギーの通り道で、健康状態、行動力などを読み取る。しっかり流れている人ほど生命力にあふれている。

頭脳線

親指と人さし指の付け根の間あたりから手のひらを小指側に流れる線。知力や思考力、判断力が表れる。先端までスッキリ伸びているなら、迷いがなく判断力があるということ。

感情線

小指の下から人さし指に向かって伸びる線。その人のモノの考え方、心の動きや感性などを表す。おおらかな人はゆるやかなカーブを描き、不安定な人は乱れて切れ切れに。

運命線

手首のあたりから中指に向かって立ち上がる線。どこに起点があるかでさまざまな意味合いを持つ。自分の意識の持ちようが刻む線なので、意志の持ち方次第で変化が表れる。

太陽線

薬指に向かって伸びていく線。太陽線という名前の通りに、人の心を明るくし、喜びを感じる力を持っていることを表す。クッキリ現れている人ほど人気者。

結婚線

小指の付け根と感情線の間に現れる線。2~3本あるのが普通で、二股や島の有無などこの線のさまざまな形状が恋愛や結婚の行方を暗示している。

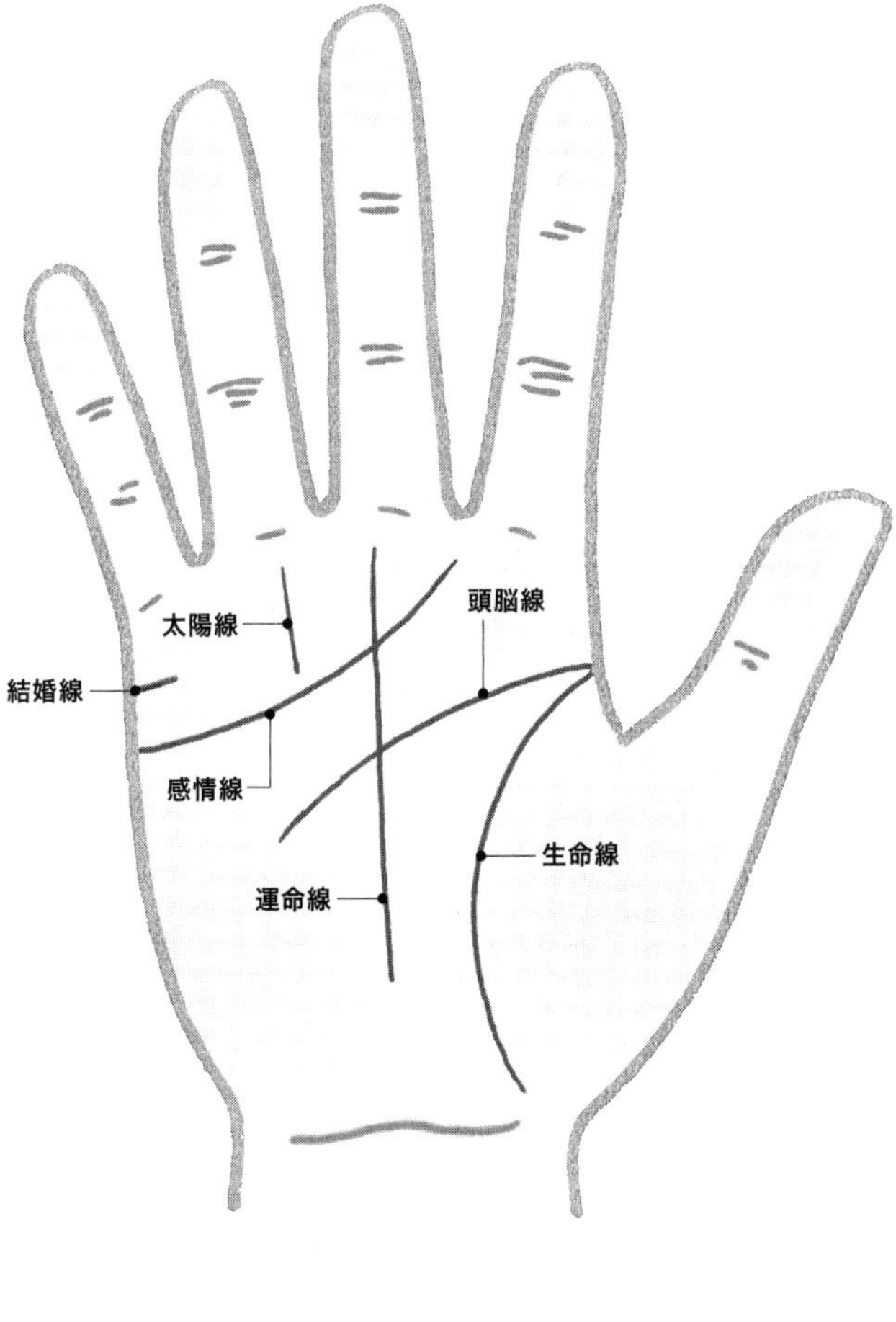

（詳しくは30～55ページを参照。結婚線は97～101ページ）

丘のふくらみにも意味があります

各指の付け根のふくらみが「丘」。弾力や艶はその丘の意味することがパワーアップしていることを暗示しています。逆に平坦な人は、その力が弱いことを表します。

金星丘

生命線の内側、親指の付け根のふくらみ。生命エネルギーを蓄えるタンクのようなところで、ここが発達しているとバイタリティに富んで自信に満ち、おおらか。子孫繁栄の意味合いも。

太陽丘

薬指の下に現れるふくらみ。幸せを感じられる力を表す。ここが豊かに発達している人は、おおらかで、親切で、周囲を明るくさせ、多くの人から愛される。

木星丘

人さし指の下のふくらみ。野心や野望を表す。前向きに、希望を持って生きている人は豊かにふくらんでいる。自分の生き方が決まってくるとハリと艶が出てくる。

月丘

小指の下、手首の上のふくらみ。豊かな感性や感覚を象徴し、自分のイメージをうまく表現できる人は大きくふくらんで、創造性豊かで人間的魅力にも富んでいる。

水星丘

小指の下のふくらみ。言葉、お金、子孫など幅広い意味での生み出す力や創造力の象徴。発達しているほどコミュニケーションの能力にたけて社交性があり、見るからに活発。

土星丘

中指の下のふくらみ。思慮深さ、冷静さ、忍耐力がある人はふくらんでいる。ふくらみ過ぎていると、孤独を愛し、自分の世界に閉じこもる傾向も。

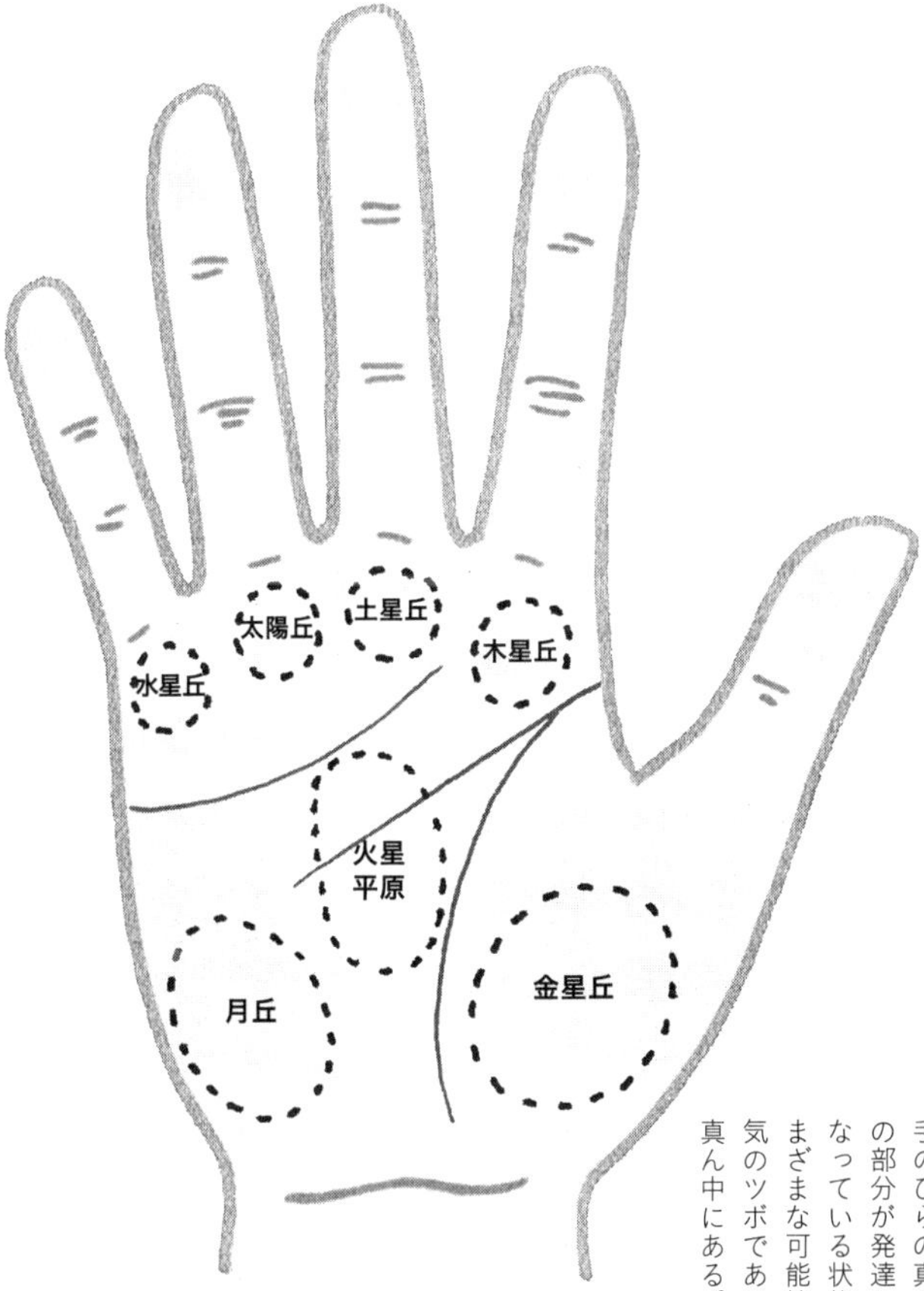

火星平原

手のひらの真ん中のくぼみ。丘の部分が発達してここが平らになっている状態が望ましい。さまざまな可能性を秘める、やる気のツボである「労宮」がこの真ん中にある。

（詳しくは56～66ページを参照）

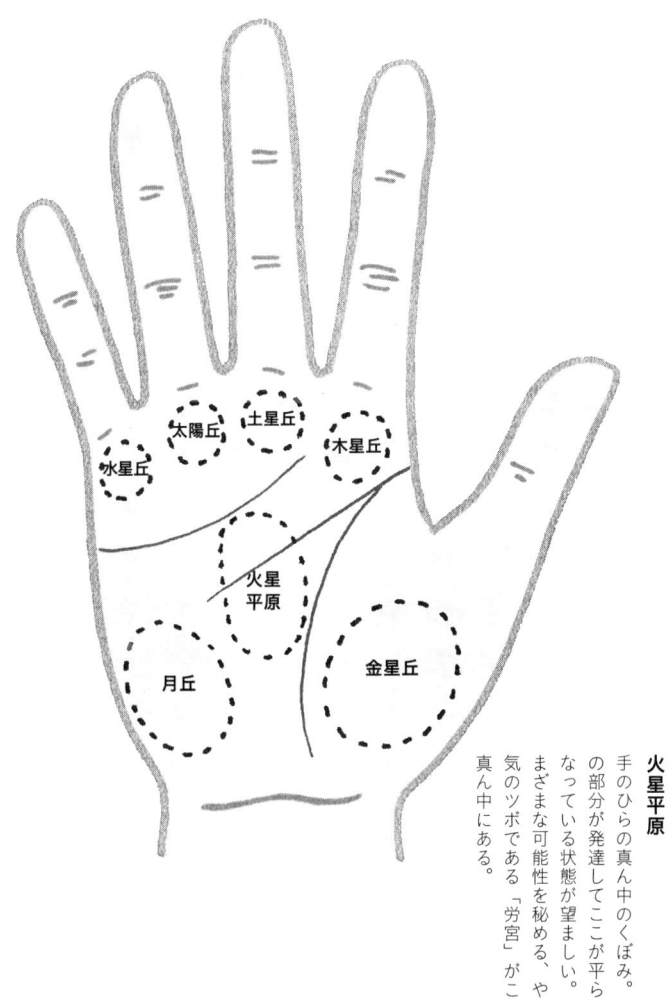

手のひらの線や丘以外にも注目してみましょう❶

手の形

平らで角張った手、関節の目立つ手など、人それぞれの手の形からも性格や志向をうかがい知ることができます。まずは手の形から性格を簡単にチェック。

尖頭型

指先がとがってすっとした印象のいわゆる白魚のような手。美意識が強く繊細。依存心も強く、他人を疲れさせる一面も。

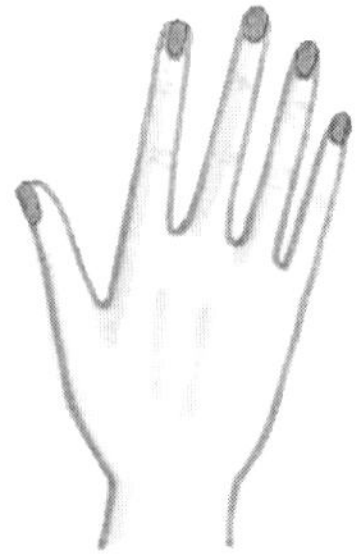

円錐型

指先が丸みを帯びてややふっくらした優しい手。明るく前向きで、人気者。自由を好み、規則などに縛られることは苦手。

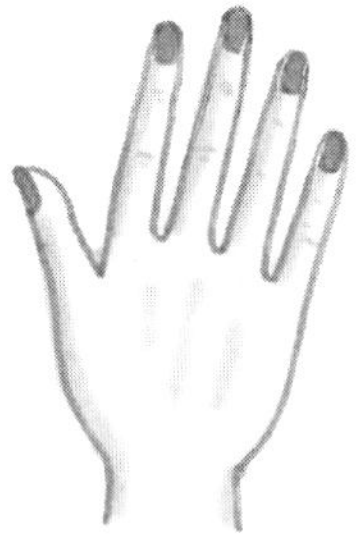

結節型

指が長く関節がしっかりしている手。何事もまじめに追求していく理論家で、知的イメージが漂う。ロマンティストでもある。

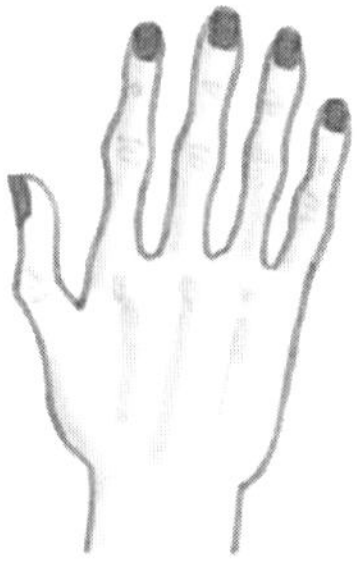

へら型

指先が少し広がっている手。考えるよりも即実行に移すタイプ。しっかり者で、粘り強く仕事も確実にこなすので周囲から重宝がられる。

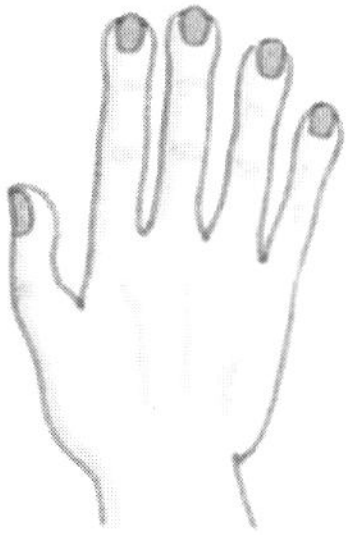

四角型

手のひら、指先が四角張って、指は短め。常識的で堅実で周囲からも頼りにされるタイプ。保守的になり過ぎて面白みに欠ける傾向も。

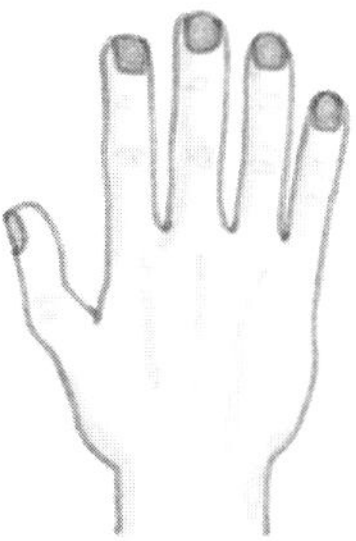

原始型

大きくて肉づきが良く、指は太め。楽天的でおおらか、飾り気のないタイプ。喜怒哀楽はハッキリしているが、シャイで愛情表現は苦手。

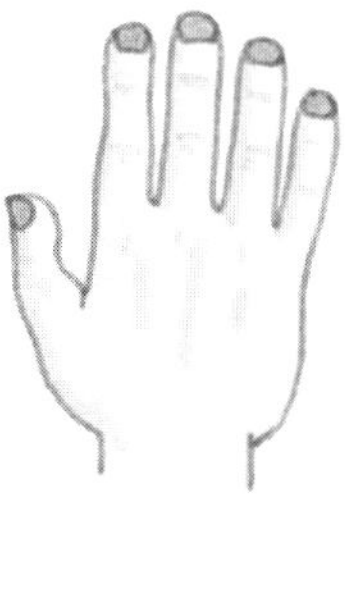

いろんな形が混じる混合型は、いろいろな型の持つ特徴が混じり、何事もそつなくこなす万能タイプが多い。また、指の長い人は考えてから実行するまでに時間がかかり、短い人は思い立ったらすぐ行動に移す傾向が。関節の目立たない人は周囲からの影響を受けやすい。爪をかむのは不安を押さえ込む行為。イライラ気味で爪を伸ばしている人は、爪を切ることで落ち着きを得られます。

手のひらの線や丘以外にも注目してみましょう❷

手の出し方

手を差し出した時や手を振った時など、ちょっとした仕草の中での姿勢を見るだけでも、その時の心理状態を知ることができます。指先が曲がっていたり、大きく広げていたり…、手から心の表情を読み取って。

整って伸びる

指先まですっと整っている手は、元気がみなぎっている状態を表す。自分の考えを上手にアピールできる人に多い。

指先が曲がっている

自信が持てていない状態。4指は伸びているが親指だけが曲がっているならば、自信がないのに無理をしている状態。

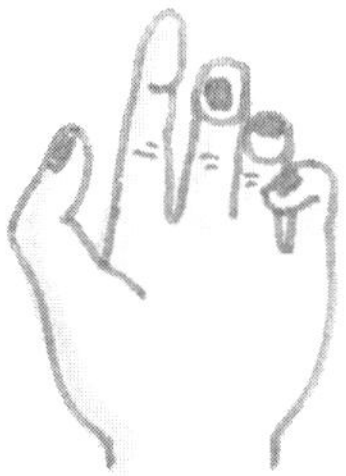

指先がバラバラ

「頑張ろう」とアレコレ考えてはみるものの、とりとめがなく中途半端な状態。大きな決断は差し控えた方が吉。

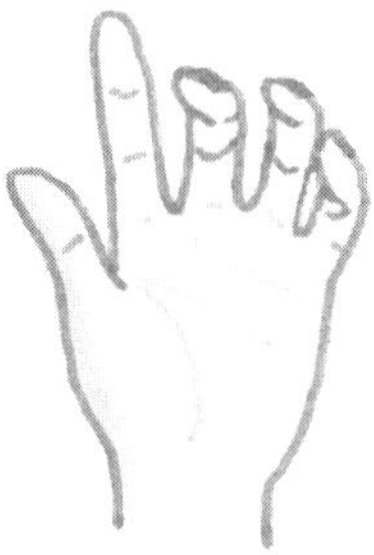

大きく広げる

元気はいいけれど、本来の自分よりも大きく見せようとしている傾向も。肩に力が入って力みがちなので疲れてしまうことも。

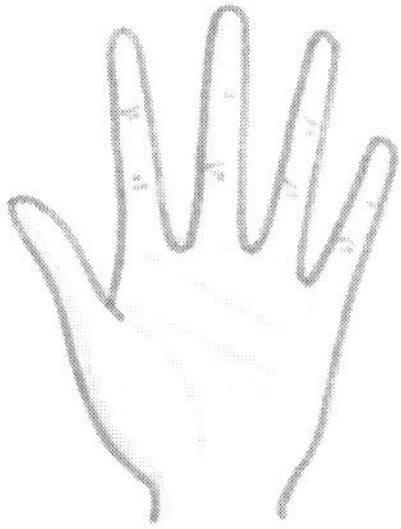

親指が反り返る

4指はまっすぐで親指が反っている人はきちんとしているが自己主張が強過ぎる人。野心家でもあるので、仕事で大成する可能性も。

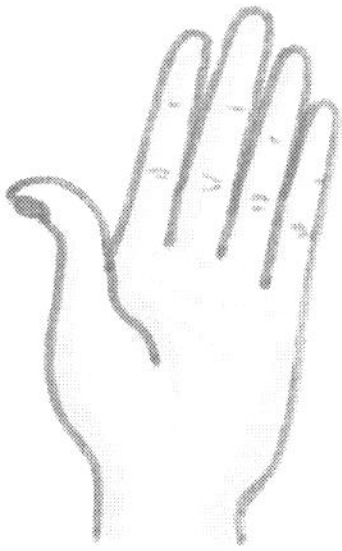

中指と薬指が寄り添う

恋する指とも呼ばれ、パートナーを必要とするタイプ。一人では不安定、伴侶とタッグを組んで安定路線を進みがち。

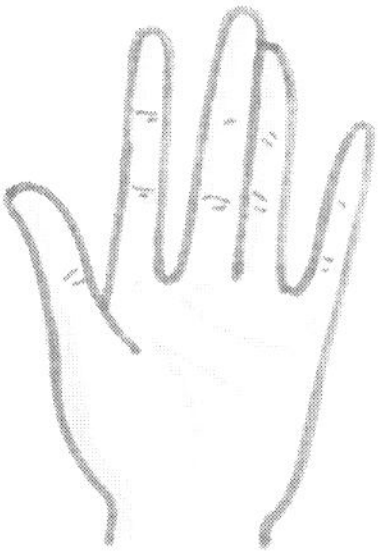

自信や元気がない時は指をよく伸ばしてみましょう。指の姿勢と思考の状態はつながって働いていますので、指の姿勢を整えることで落ち着いて前向きに考えていくことができます。緊張している時は手に汗をかき、力が入り過ぎていることも。手を洗うことでリフレッシュを。

パッと見の印象

手相を観ることは、難しいことではありません、一番大切なことは、パッと見の印象です。

細かい線やサインに気をとられ、名称を覚えることから始めようとすると、かえってわかりにくくなってしまうかも。例えば、初対面の人をパッと見て、その時の第一印象ってありますね、わ、優しそうとか、明るそうとか、ちょっと暗そうとか。そのなになにそう、という「そう」が手相の「相」でもあるのです。神経質そうな手相、強そうな手相、面白そうな手相、手相には正直にそれを持つ人の人となりのようなものが現れています。ハッキリした性格の人の線はハッキリと流れていますし、ぼんやりしている人の相は、やはりぼんやりとした印象で現れています。

まずはシンプルに感じてみればいいのです。なんだか複雑な手相だぞ、そう、複雑な一面を持っているのかもしれません。暖かくてハリがあるぞ、明るく豊かな人間性が現れているのかもしれません。

手相に興味を持ったなら、できるだけたくさんの人の手を見比べてみること、それが最大の勉強となります。最初のうちは家族や友人知人など、よく知っている人の手相を見せてもらうといいでしょう。なるほど、頭のいい人の頭脳線はこうなのかとか、ご長寿の生命線はこうなのかとか、モテモテの人はこうなのねとか、「なるほどねー」という感覚が育ってくるはずです。また逆に明るそうに感じていたけど神経質そうな手だな、そういえばこの人よく気を使っているな、なるほどね、などと、このなるほど感がつかめるようになったら、もう手相観は半分はマスターできたと思っていいでしょう。

ようこそテソーミルームへ

essay

涙の力

涙には、力がある。悲しみや不安を受け止め癒す力。熱くなり過ぎた心に涼やかさを与える打ち水のような力。さまざまな感情はさまざまな効力を持つ涙となって瞳に浮かび頬を流れる。

もちろん嬉し泣きという涙は大歓迎、もう可笑しくて可笑しくてたまんない笑い泣きも最高のごちそう。感動、再会、別れ、苦しみ、痛み、空しさ、いろんな時に涙が流れる。泣いてはいけないって、涙を我慢してる人がたくさんいる。もったいないなあって思う。私は泣きたくなったらできるだけいっぱい泣くようにしてる。ただし、一人で。

一人の時に流す涙は心の漢方薬のようなもの、一人の時に流す涙は魂をリフレッシュしてくれる。涙の味は海の味、お塩で清め、水で洗い流してくれるのだ。

人はけなげで我慢強い、泣き虫は弱虫との誤解もある。人前で泣くと多少過剰な感情のアピールとなって相手の人を疲れさせるし、それはできるだけ避けた方が良いようにも思うけど、なるべく一人になれる環境をつくって、自分自身に遠慮しないでいっぱい涙を流してみましょう。

えーんえーん哀しいよお、あーんあーんイヤだよお、おーんおーんせつないよお、どうしてどうして？　神様どうして？

枕に顔を押し当てて声を出して泣いてみるのもとても良いです。泣いてる自分のことは自分でいっぱい抱きしめてあげましょう。自分自身に同情し、なぐさめてもあげましょう、時にはいっぱい叱ってもあげましょう。泣いてるうちに優しい自分に出会えてきたら少し勇気を持って、封印してきたトラウマとの再会を試みても良いのかもしれません。苦しかったねせつなかったね許せなかったね、よく頑張ってここまで生きてきたね、どうしようもないこともあるよね、しょうがないことは今さら言ってもしょうがないよね、トラは獰猛で、ウマには暴れ馬もいる、みつめて受け止めてみることで思いがけずスッキリとセルフカウンセリングの効果を上げるきっかけがつかめることになるかもしれない。

どうぞ恐れずに泣いてみてください、これを私は大泣き開運法と呼んでいます。泣いてる自分を愛してくれる優しい自分もいちゃったりするんですよね、自分を育ててくれるのは、やはり自分自身です。

essay

みつめあうもの

友達が少ないとか、親友と呼べる人がいないとか、という淋しいご相談を受けることも多くある。やっぱりね、友達の存在がないなんて、それは淋し過ぎることです。そういうご相談者に共通しているのは、目をそらして話すクセがあること。テソーミルームでもなかなか目を合わせてくださらないのだから、多分どんな時にもそのクセは出ているんじゃないかと思う。シャイなんだろうし、もちろん少しこわいのかもしれない。そんな人には、はりきって提案をします。「さあ今日は、目を見て話す訓練をしましょう」。目をそらすと「チチチチ、はいココココ」目を指差して笑います。こんなことを何度か繰り返していくうちに、それがひとつのゲームのようになって、笑い合え打ち解けあっていけます。初めて会った人とでも友達のような感覚になりあえていくのです。

友達が欲しいなあと思ったら、どうぞこの訓練をしてみてください。どこにいたって一人でできます。まずは、鏡の中の自分とみつめあう、写真の中の自分や親しい人とみつめあう。ポスターやテレビの中の誰かとみつめあう、両手を開き自分の手のひらをみつめてみる。みつめてそして笑いかけてみる。それならそんなに恥ずかしくはないでしょ、試してみてください。その訓練の成果は日常の中で試してみましょう。散歩の犬と目を合わす、となりの猫とみつめあう、日常でよく会う人に目を見て挨拶をしてみる。目と目を合わせてみることでもっと近く、心と心も出会っていけます。友達になれる人から目をそらしているのは、寂しがりやの自分だったりするのです。

そしてね、友達とは、人間だけではないのですよね、動植物や大切な物や、芸術や、日常のささやかな楽しみごとの中にも、友達は実はいっぱいいるのです、ただそれらを自分自身が、友達だと認識できるかどうかの問題。

ただし私にとって友達には定義があります。忙しい時、疲れてる時にこそ向かい合い、みつめあっていたくなる、それが大切な友達なのです。

essay

『わからない』という答え

どんなにどんなに考えても、答えが出せない時がある。自分の気持ち、抱えてる問題、未来のこと、何をすればいい？　このままでいいんだろうか？　考えてもわからない、心を覗いても混沌としてるから不安になって、そんな時、つい占ってもみたくなるのだ。

占いとは「こんなふうになりそうですがいかがですか？」という運命の未来予報図のようなもの。それは嬉しい、これでは困る。占うことで「もしもこうなったら」とリアルなイメージが浮かびやすくなる。そのイメージに反応する自分の心を見ることで、それが答えを引き出す手がかりに結びつく場合も多い。

しかしどんなに占っても、わからない時は、やっぱりわからないのだ。なぜならば、まだ答えが育っていないから。

ある時人生に不思議な種が蒔かれる。いろんな芽がはえてきて、枯れていく芽もあれば、グングン育っていく芽もある。どんな花が咲くんだろう？　どんな実になっていく？　咲いてみなければわからない、実ってみなければわからない。水という潤いがなければ枯れてしまうだろうし、栄養を与えないと弱々しくなる、雑草は早めに抜いておかないと雑草ばかりが育ってしまうし、支えが必要なつる草もあるかもしれない。せっかちになったり、不安がってばかりいても、良い答えに促成栽培は無理。季節が流れ時が来れば、良い答えに育つよう自分を大切に見守っていれば、いつしか必ず花が咲き、収穫の時を得ます。それが成るべくして成った大切な答えです。

そしてもうひとつ、『今はまだわからない』という答えもあるのです。『良い答えが得られるように頑張りましょう』という答えだってあるのです。『わからないから期待があって素敵』っていう答えもあります、それは不安をともなうまだ酸っぱい答えかもしれないけど、答えは決して未成熟なまま刈り取ってしまわないことです。次に蒔くべき新たな種を得ることができなくなってしまうから。良い種が優秀な苗になる。強い苗ならば嵐が来たって負けはしません、倒れたって花を咲かせ実を結んでいくのです。

苗の成長を見守っていくのが素晴らしき運命のガーデニングの楽しみです。焦らずに良い答えの生育段階を楽しんで生きましょう。

essay

祈りの力

人に甘えることはあまりないけど、私は神様に対してすごい甘えん坊です。宗教は持ってないので、その神様は『神様』と呼びかけた先にきっといてくださると信じる私の中の神様という幻の存在ではあるわけですけど、最も心の中にある一番の力の元になってくださってる魂のボスです。

神様に会いたくて神社に行ったりお寺参りをしたり聖地に行ったり空を仰いだりコンサートに行ったりもします。クッションもお布団も椅子の背もたれも水の流れも風もお風呂も、甘えられるもののすべてが私にとっての神様です。『神様お願いします』抱えられそうになくなった何事かに出会ったらすぐにお祈りするし、私がこういうちょっと珍しい仕事に就いたというのも、神様のせいというか、おかげというか、神様を感じていたいという甘え心から生じたことのようにも思います。

トランプを切ったり、占いをしたり、おみくじを開く時、そこに神様とのリアルなセッションが得られるような、そんな気が子供の頃からずっとしていました。

人との出会いも流れ星やＵＦＯとの出会いもすべてが神様からのセッティングのように思っています。『神様セッティングを活かしなさいよ』と言われてはいるように感じることはあるのだけど、多分私は神様にとっては問題児です。かなりのナマケモノなので…。

だから私は祈ってばかりいるのでしょう。ゆだねてばかり、取り次ぐ係、そんなふうに思ってずいぶん楽をしています。

悲しいニュースを見る、お悩み相談という仕事をする、親の不安を思い知る、人間と自然とのアンバランスを危惧する、路上で眠る人に毛布をかけたくなる、動物を全部助けたい、思いの多くはお祈りとして神様に託してしまいがちです。

ナマケモノの言い訳かもしれませんが、祈りの力を信じています。神様はいろんな人の祈りの受信機を持っていて、どんな中でもニコニコしながら聞き入れながら、その人の祈りをその人自身が叶える力を持つことを、そっと見守っていてくださっているような気がします。

神様、ごめんなさい、神様、ありがとうございます。それが正しい祈りなら、みんなの祈りを叶えてくださいね、神様どうぞよろしくお願いします。

右手と左手

右手左手、両手を観ます。手のひらも手の甲も、爪のカタチや色艶や、関節も皮膚感も、指の姿勢も手の動きも、すべてを総合して手相観をします。片手だけで判断しては不十分、右手には生きていくための現実的な知恵の力が現れていますし、左手には生活や性格の中に秘められた内面の様子が現れています。

手とは表に現れた脳であるともいわれています。右脳は情緒性を、左脳は論理や計画性を司り、右手と左手は右脳と左脳と交差してお互いに強く影響し合って働いています。右手と左手を観比べてみることで、その違いから読み取れていくこともさまざまあります。左右の手相が同じように整っているのがバランスのとれた良い状態、公私共に充実しているという吉相です。

右手の方が左手に比べて線の流れがあざやかでハッキリしているなら、内面よりも外の世界に向かって意識が積極的に働いているということ、仕事向きで人々や社会に向けて好奇心旺盛、外交的なタイプです。

左手の方が運命線の流れも深く明るい印象なのに比べて、右手に地味な印象を感じるようなら、その人は内弁慶タイプ、よく知っている身内や環境の中では自由に自分を表現し行動できるけど、自分のテリトリーを離れたり、一歩世間に出ると妙に消極的になってしまったりします。お仕事は苦手で家庭的な人。

左右の手相がまるで別人のような手の持ち主は、自分の中に別々の個性や才能を持つ二人の自分がいるのだと考えましょう。素敵な意味での二重人格者。一度の人生を二回分楽しむみたいな気持ちになって、スケール大きく多彩に生きていきましょう。

手のひらの基礎知識

線のみかた

手のひらに刻まれる線には、すべて意味があります。各線は川の流れにも似ていて、エネルギーの源泉から前向きな気持ちが流れ出すと、濃く深く勢いのある線が刻まれ、心が枯れてくると、線は弱く切れ切れになっていきます。

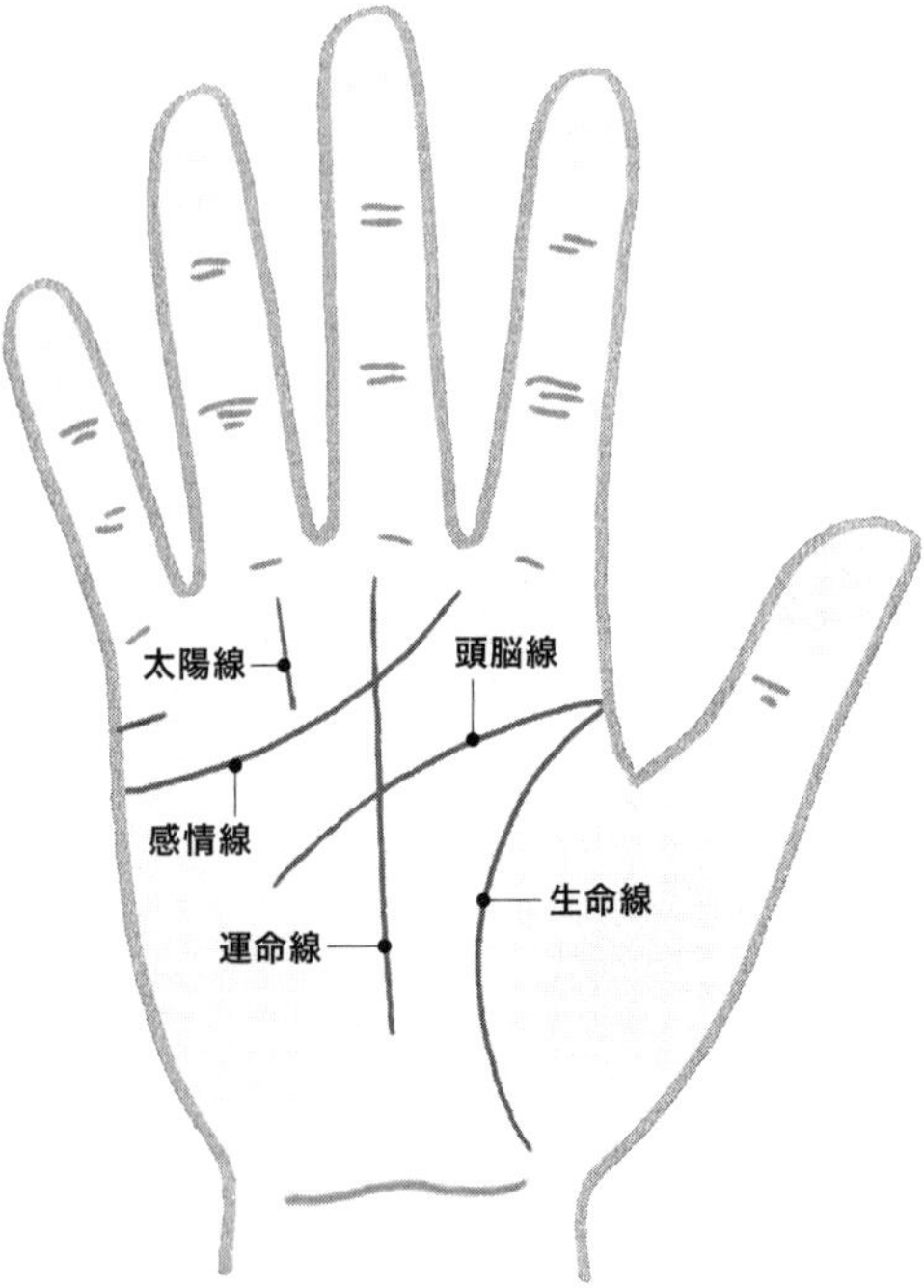

✣ 生命線

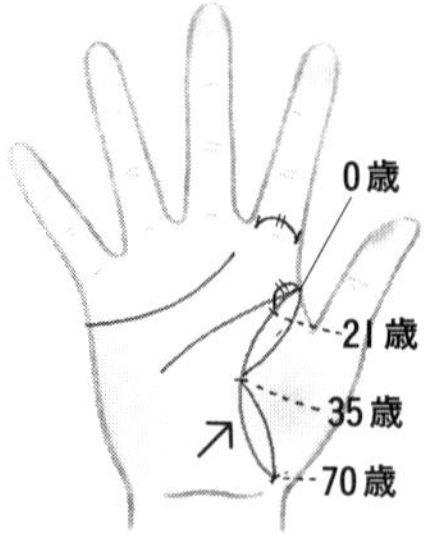

親指と人さし指の付け根を結ぶ手のひらの側面から、金星丘を取り囲むように手首に向かって下に流れていくのが生命線です。

生きていくための力、健康状態や行動力の様子を生命線から読み取っていくことができます。寿命の長さを占う線だと思っている人が多いようですが、短いから短命、長いから長寿とはいちがいに決めつけることはできません。

線の伸び具合や太さや深さ、流れのコースのあり方を観ることによって、その人の持つバイタリティやスタミナ、活発な性格か消極的か、勇気があって前向きなタイプか、弱気で臆病なタイプであるかなど、体と心と生きる姿勢などを探り出します。

〈年齢の読み方〉
人さし指と親指の間の起点が0歳、親指の付け根の骨の下を70歳とする。この中央は35歳。起点から人さし指の幅と同じ長さをとった点が21歳。この間を14等分すると細かな年齢がわかる。

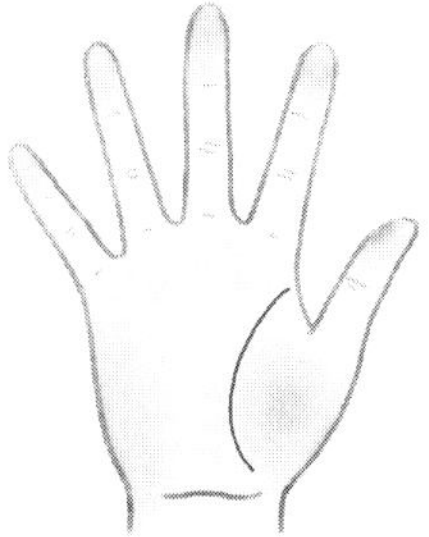

切れ目なく美しい弧を描く

抜群の生命力で、思い通りに行動できる良い状態です。親指の付け根に弧が美しく長く流れているなら、大病の心配のない長寿という生命力の証し。疲れていても休養をとればすぐに回復し、必要十分な積極性と行動力を発揮できます。健康であることに感謝し、上手に休みながら、前向きに努力を重ねて人生の土台作りに励んでください。

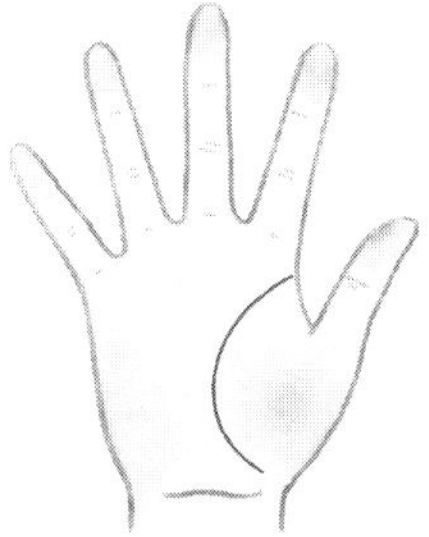

大きく弧を描く

バイタリティにあふれ、生み出す力にすぐれています。大きく描く弧が、中指の中心から手首に下ろした線より張り出している人は、エネルギッシュで強い影響力の持ち主。〝生み出す〟ことに対するパワーにあふれ、多くの子孫、作品やムーブメントなどを生み出し、他者に対して、強い影響力を与えていきます。

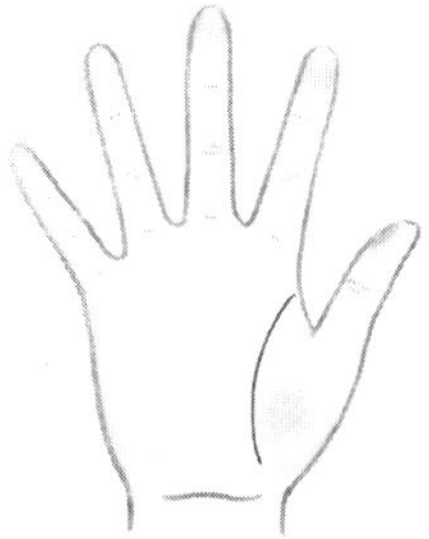

弧のカーブがゆるい

内向的で表現は控えめ。小さな世界で満足する傾向があり、消極的で自己主張が苦手なタイプ。人の意見に追従し、限られた世界の中で生きていきます。目立たないこともひとつの個性ですが、多くの人と関わったり、人生を楽しもうという心のハリを持っていると、線も強くハリも出て、行動力もアップしていきます。

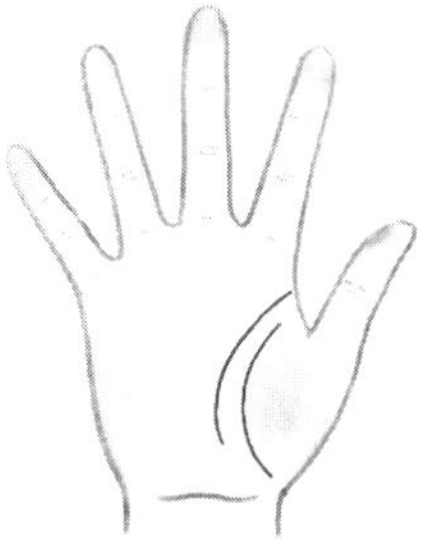

生命線が2本ある

肉体的才能にすぐれ、のびのびとスケールの大きい人生を謳歌できます。二重生命線を持つ人は、生まれつき体力、美貌、器用さなど、肉体的能力に恵まれたタイプ。俳優やアスリートとしても活躍できる相です。おおらかで自信に満ちているのも特徴。また母国や住居など、生活の拠点を2つ持つ人も多いようです。

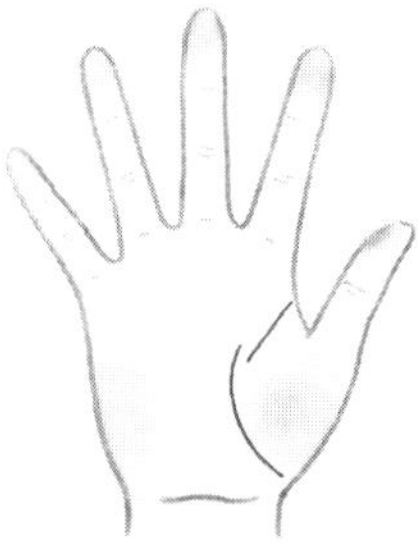

大きく切り替わる

途中で大きく線が切り替わるのは、人生の半ばで生活環境が激変する兆しです。途切れた線に、覆いかぶさるように線が重なり、その先の線がハッキリしていたら、海外移住するとか、都会暮らしから田舎暮らしになるなど、生活環境が大きく変わることを暗示しています。冒険心やフロンティア精神に富んだ人に現れやすい相です。

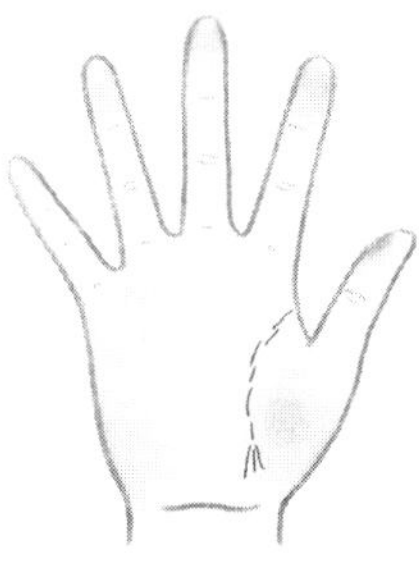

線が切れ切れ

行動力や基礎体力に欠け、少々のアクシデントに弱いタイプ。チェーン状や切れ切れの生命線は、気の流れが停滞しやすくトラブルを回避しにくい相。持続力や免疫力に乏しく、病気やケガをしがちです。卑屈な気持ちを捨て、ポリシーを強く持って強く生きようと心がけることが、開運の第一歩となります。

✣ 頭脳線

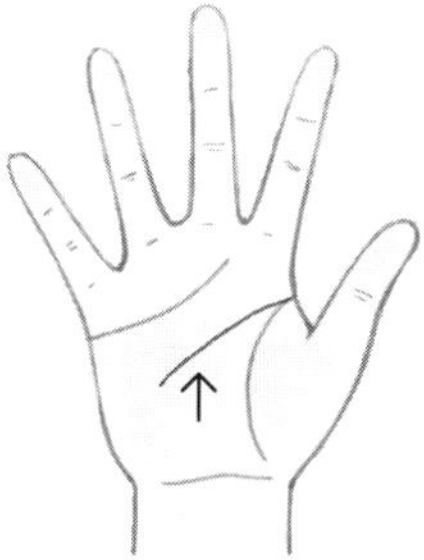

生命線の出発点の近く、親指側の手の側面から小指側の側面に向かって流れているのが頭脳線です。流れのコースや線の長短、線の強弱、先端の形状、出発点の位置などでそれを持つ人の才能や物の考え方、才能開花の可能性や判断力の良し悪しなどを量り知ることができます。生命線に接して出発し、太陽丘の下まで届いているのが標準的な長さです。太く長い頭脳線を持つ人は安定した考え方のできる頭脳明晰な人。弱々しい流れならば意志薄弱で迷いの多い人。流れが直線的だと現実主義的なところがあり、弧を描く人はロマンティストです。短く刻まれる人は決断が早く、長いほどじっくり熟考型となります。切れ目や線の絡まりがあると脳の機能に問題が出てきたり、ストレスからノイローゼになりやすくなります。先端が大きく二股に分かれる分析型の人もいれば、多彩な能力を現す二重頭脳線の人もいます。頭脳線の有り様も実にさまざまで、それぞれの能力や考え方のクセを判断する目安となります。

check 1

まず、右手の手のひらを見てみましょう。

手のひらを横切る線が見つかりましたか。
まず、大まかに頭脳線をチェックしてみましょう。
次の5パターンから、あなたに一番近いものを選んでみてください。

A
手のひらに水平に刻まれた直線的な頭脳線

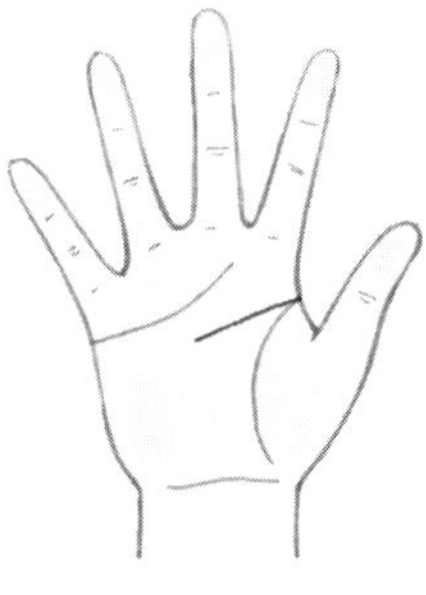

B
先端が二股に分かれている頭脳線

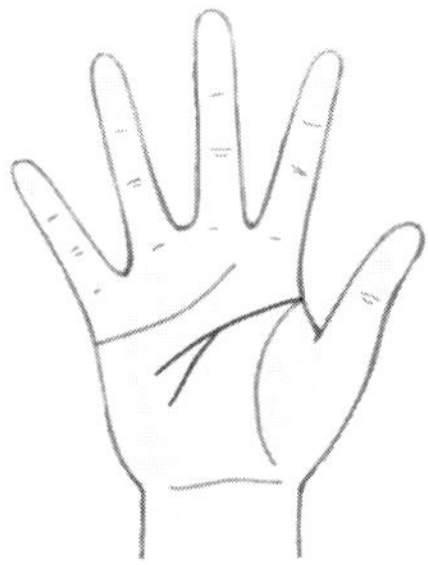

C
頭脳線が2本刻まれている

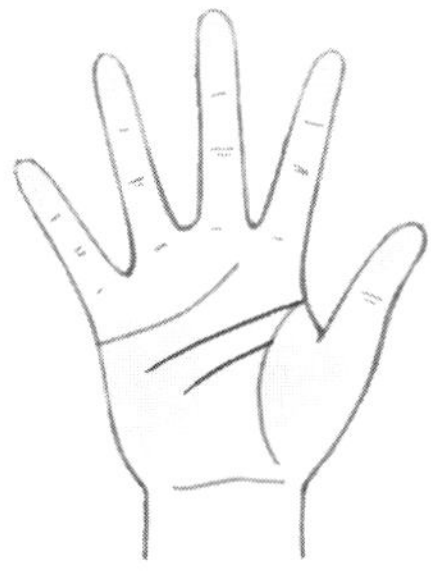

D

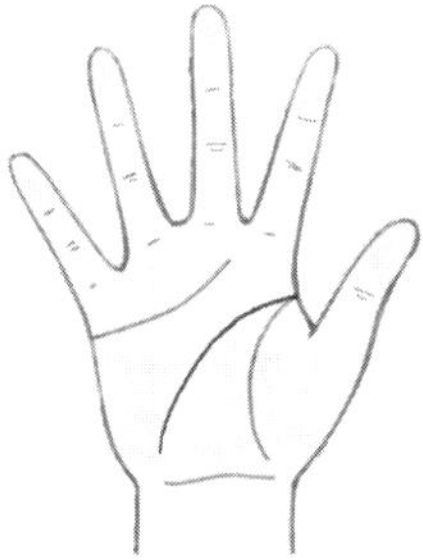

弧を描くように下降して流れる頭脳線

E

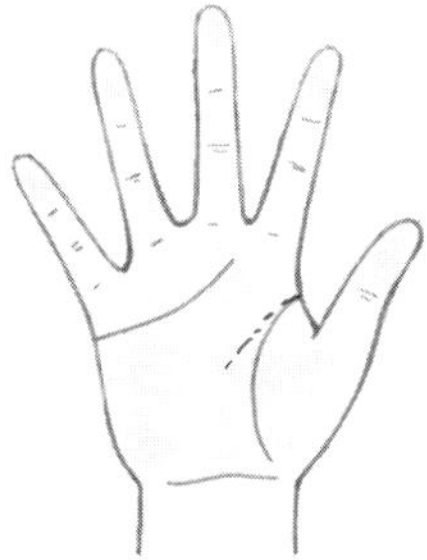

線の流れが弱かったり、ハッキリしない頭脳線

check 2

次は、より細かい点をチェックしながら見ていきます。

Aタイプの方は38ページ、Bタイプの方は39ページ、Cタイプの方は40ページ、Dタイプの方は41ページ、Eタイプの方は42ページをご覧ください。その中で一番近いものがあなたの診断結果です。

A

クッキリしていて短い頭脳線

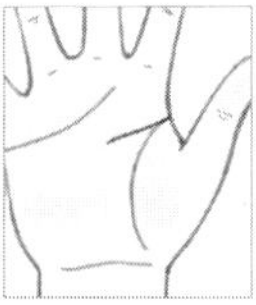

ハッキリしていて、わかりやすい性格。嘘をつけばすぐにバレるタイプ。速断力があり、物事に臨機応変に対処する才能があります。やや短気で面倒なことが苦手。人を好き嫌いで二分してしまうところがあるため、交友関係や社会的視野が狭まる傾向が。

先端が跳ね上がっている

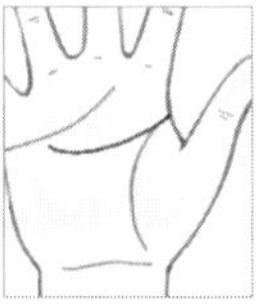

計算高く、ビジネスの才能があります。損得で動く一面もあるので、優秀さを認められても、利己的な人間だと誤解されることも。勘が鋭く、周りの態度や反応に敏感。仕事上のメリットの有無を考えない交際を心がけるとよいでしょう。

生命線と長くくっついている

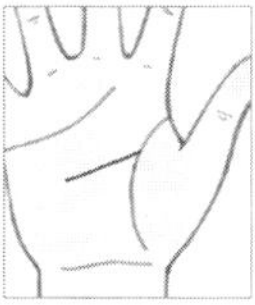

用心深く、自分を表に出さない人。細かいことに気がつき、慎重に物事を進めるので、緻密な作業が得意な縁の下の力持ちとして信頼を得ていきます。ただ、人となりがわかりにくく、ノリが悪いので、友達ができにくい面も。笑顔と明るさを大切に。

生命線から離れて出発している

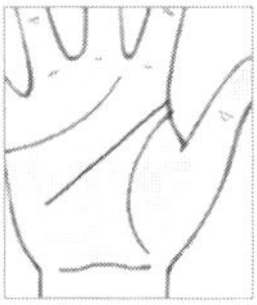

頭脳明晰で自由な行動派。考察力があり、画期的な発想で問題を解決。学歴や肩書で人を判断しないで実力主義を貫きます。自分の才能を鼻にかけることなく、他人の才能を尊重し、お互いの自由を尊重しながら、共に高め合うことができる人です。

平均的に薬指まで伸びる

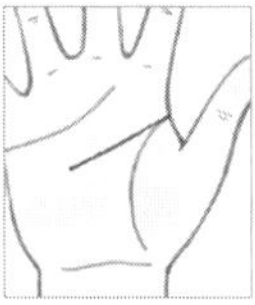

安定志向が強く生真面目。常識を重んじ、中道を生きようとする人。家庭と仕事という礎があればよしとし、冒険的なことには挑みにくいタイプ。人間関係は良好。足場が固まった後、新しいことに挑戦する意欲や向学心が出れば人生が豊かになるでしょう。

直線的で全体的に薄い頭脳線

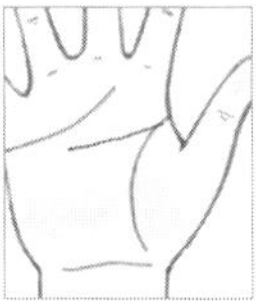

自分に自信が持てず、人の意見に振り回されやすい。現実的な考え方をするものの迷いが多く、自己主張も苦手。人間関係ではいいように扱われがち。周囲に惑わされず、心の声に耳を澄まし、自分で答えを出そうという前向きさがあれば強い線に育ちます。

B

直線的な頭脳線が二股に

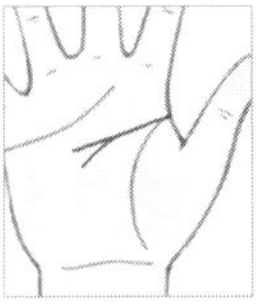

明るく聡明。男女問わず友達が多く、皆に愛される人。客観的で広い視野の持ち主なので、渦の中にいても冷静で的確な答えを出すことができます。将来への展望もクリア。アイディアマンで冴えた意見が言えるため、相談相手としても慕われます。

生命線と離れて出発している

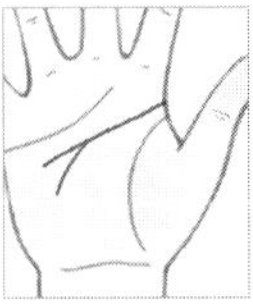

自由な価値観を持つマイペース型。何かのスペシャリストとなり、集団には属さず、一匹狼として生きるタイプ。チャレンジ精神が旺盛で、行動力も抜群。個性を尊重する者同士で親しくなりがち。束縛の強い環境に身を置かず我が道を進みます。

二股の先が急カーブを描く

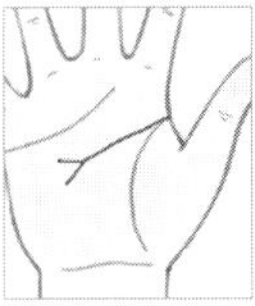

その場の空気を瞬時に読み、自分の雰囲気を自在に変えることができる人。好奇心旺盛で、お洒落や流行にもとても敏感。興味の幅がとても広く、人を飽きさせない雑学王のような人。交友関係はバラエティに富み、国際的な友好関係を築く人もいます。

先端が小さく二股に開く

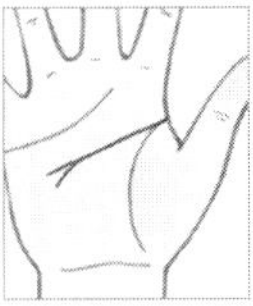

身の回りのことを客観的にみつめ、分析する力がある人。こまやかな気遣いや目配りができ、周囲から重宝がられます。しかし心の奥では、自分を変えたい、世界を広げたいと思っている部分も。日常レベルの小さな挑戦から始めてみましょう。

生命線に重なり、大きく二股に

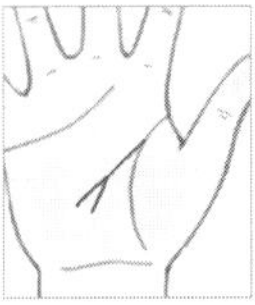

現実的に考えて生きる力と、芸術的な感性を活かす才能を併せ持った人。よく遊び、よく働く。気品に満ち、落ち着きがある。行動範囲が広く、国際感覚が豊かで交友関係は幅広い。高いステイタスと芸術への造詣の深さで、皆が憧れる存在になります。

二股の先端がそれぞれ二股

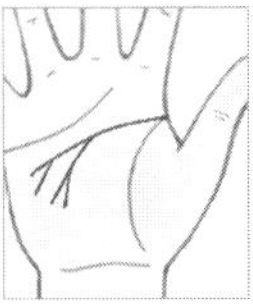

向上心に溢れ、パワフルに、いろんなことを吸収していく人。生き生きとしていて、人とのつき合いも活発。柔軟な態度で人に接することができます。今は変化を求める時でひとつのことに専念する必要はなく、欲張って新しい可能性の幅を広げましょう。

C

生命線から直線的に出発

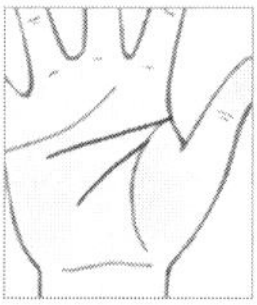

現実型の性質が優位だが、ロマン的な考え方もできる人。堅実さというブレーキがあるので、夢を追求しても自分を見失うことはありません。夢と現実、2つの世界を持ち、どちらでも力を発揮し、信頼を集めます。人生を存分に謳歌していける人。

2本の線がどちらも切れ切れ

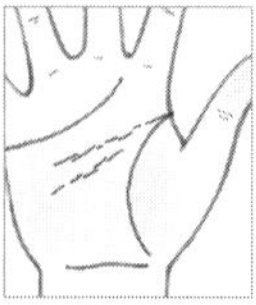

本来は前向きに行動できる可能性を持つものの、今は迷いが多く、優柔不断さが目立っている状態。そのため、人づき合いは広く浅め。右か左かで迷ったなら、両方選ぼうという勇気が持てるようになれば、向学心に満ちた魅力的な人生となるでしょう。

1本はクッキリ、もう1本は薄い

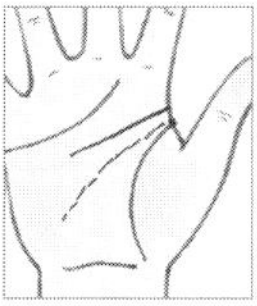

2つの豊かな才能を持つが、今はまだ1つしか発揮できていない状態。堅実な家庭に育った〝いい子〟に現れやすい相。図のように薄い線が月丘に流れているなら、芸術的な能力が待機中。興味のあることに取り組むと、より日常が面白く広がります。

同じ濃さの線が並行して流れる

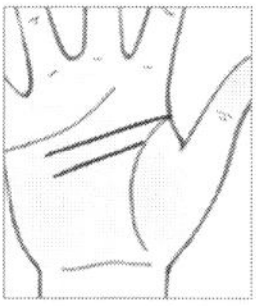

何事も器用にこなす才能の持ち主。心にも態度にも余裕がある人。品があり、才能をひけらかさないので、人間関係も良好。2つの大きな夢を持ちますが、どちらかをあきらめるとバランスを崩してしまうので、2つの道で活躍することを求めるべき。

直線的な線に弧を描く線が伴う

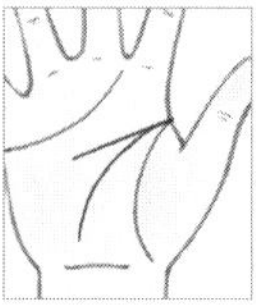

情緒が安定していて、的確な判断ができ、皆に安心感を与え、信頼される人です。すぐれた知性と判断力で堅実に仕事をこなす一方、芸術的な趣味の世界も確立。単なるキャリアウーマンに終わらず、ロマンティックな趣味人の部分がより魅力を引き立てる。

先端が曖昧、またはチェーン状

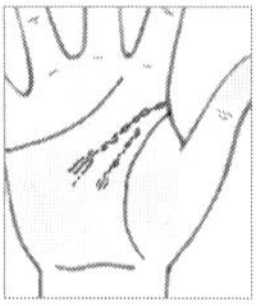

興味の幅も広く多才なはずなのに、気弱な性格と過度な用心深さのせいで力を発揮できない人。多少厭世的になってもいいので、周りの現実的な意見に耳をふさぎ、やりたいことにじっくり取り組めば、自信がつき、いつか才能の開花にもつながります。

D

弧を描いているが短い頭脳線

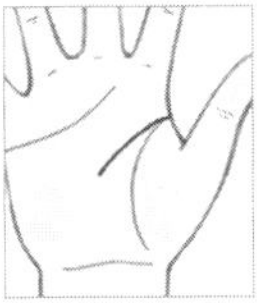

ささやかなことに幸せや喜びを見つけられる人。流行に敏感でいろんなものに興味を示します。欲も裏もないので、皆に愛されていくでしょう。ロマンティストではあるけれど、現実的な部分もあるため、実りのない恋や無謀な夢は追わないタイプです。

生命線と離れて出発している

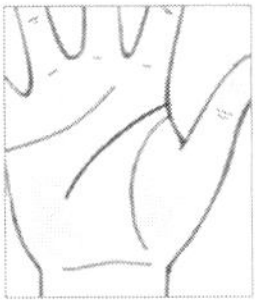

自由人で快活。社会や常識に縛られず、センスの良い自己表現で周囲を明るく照らすことができます。クリエイティブな仕事で能力を発揮し、多くのファンを得るでしょう。しがらみのある環境は苦手で、年齢にとらわれずいつまでも若々しい人です。

生命線からゆるやかに下降

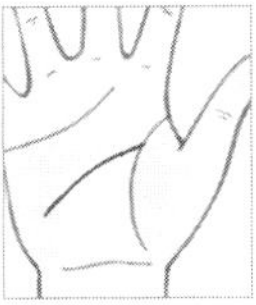

緻密な作業を正確にこなせる研究者や技術者肌の人。哲学的で思索することを好み、気の合う人とだけ密な交流を持ちます。アピール力が乏しく、せっかくの成果や才能が埋もれがち。自分を引き立ててくれる人との出会いによって成功への道が開けます。

力なく垂れ下がるように下降

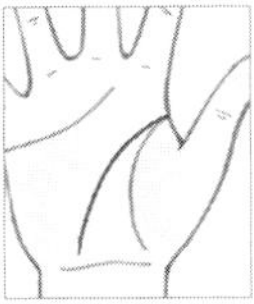

たくさんの夢を抱きつつも、現実の厳しさに尻込みし、自分の世界にこもってしまいがちな人。暗い印象を与えがちで、限られた人とだけ親密になるタイプ。趣味は趣味、仕事は仕事と割り切り、夢の世界に浸り過ぎないことで、社会とのバランスが得られます。

月丘の下まで長く弧を描く

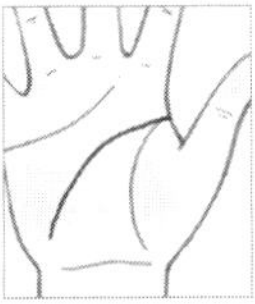

夢とロマンを現実的な仕事として追求していく人。芸術性と才知にすぐれ、自分の感性を形にして社会に影響力を与えていきます。自分の才能を熟知していて、落ち着きとカリスマ性を感じさせる人。作品を通じて人とつながりを広げていくでしょう。

下降する頭脳線がチェーン状

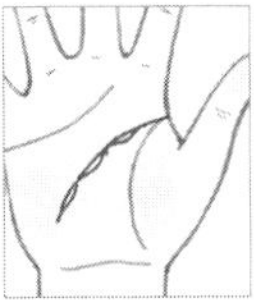

一見哲学的な雰囲気を持っていますが、物の考え方は短絡的な傾向があります。芸術を愛好するわりには魅力も薄く、言動にも矛盾が多い人。変わり者でも個性を伸ばして極めていけばいつか大家に。まずは自分の本心を知ることから始めましょう。

E

線の途中に大きな〝島〟がある

常に雑念や悩みを抱えやすい人。問題の原因を社会や他人のせいにしがち。愚痴が多く、人を重苦しい気分にさせるタイプ。心同様、人間関係も停滞気味。島は心の気づまり。こだわりを捨て、新しいことに挑戦し、心に風穴をあけることが開運の手がかり。

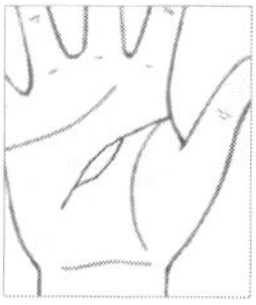

線上にいくつかの切れ目がある

心に余裕がなく、キレやすい状態。ただ〝キレる〟というのは、精神的な弱さを表す証拠。考え方に柔軟性がないからプッツンしやすくなるのです。小さなプライドにこだわらず、おおらかさという美学を磨いていくうちに切れ目をつなぐ線が現れてきます。

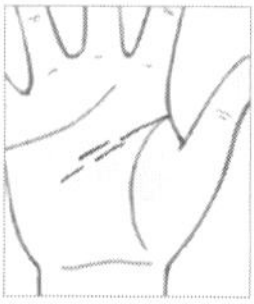

頭脳線の先が枝毛状に

心に余裕と潤いがない状態。判断力も不足気味。自分には何が似合うのか、何が必要なのかなど、なすべきことが見極めにくい。判断力のない時に出した答えは、無理のある人生に結びつきがち。こんな時はせっかちにならず、時の経過を待ちましょう。

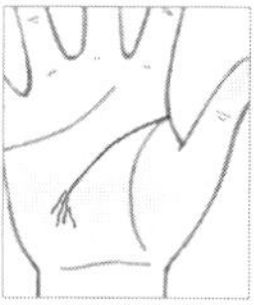

細かいチェーンが連なっている

小さなことにこだわり、思考が停滞している状態。心は苦手意識、猜疑心、嫉妬心でいっぱい。周囲もそんな態度に苛立ち、攻撃の対象になることも…。子供の頃からの考え方のクセがついている場合が多いので、まず自分の考えグセに向き合って。

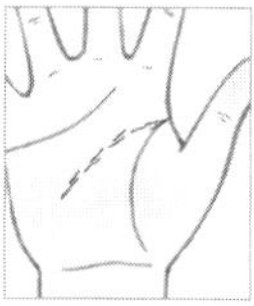

線の途中に小さな〝島〟がある

悩みや迷いが生じ、それにとらわれていると現れやすい小さな島。仕事のミスや失恋などで自信を失っている状態。何かにつけ「でも」や「だって」と言って前進しにくい。「過去は過去。今日からやるぞ！」と声に出したりして気持ちをふっきろう。

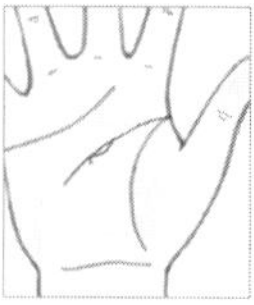

線の先が障害線で止まっている

前進しようとする自分をネガティブな思考が邪魔している状態。取り組む前に起こりそうな問題を憂い、あきらめてしまう傾向が。どんな障害も思いや勢いが勝てば越えられるもの。周囲の励ましや応援を前向きに捉え、問題に立ち向かう勇気を。

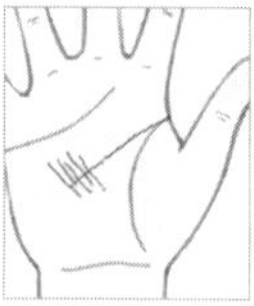

✣感情線

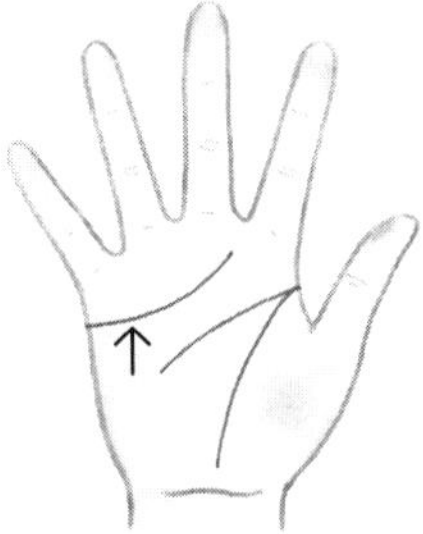

小指の下、手のひらの側面から人さし指の付け根あたりに向かって、横方向に流れているのが感情線です。小指の付け根と手首までの距離を四等分して上から四分の一くらいの場所から始まり、中指のあたりまで伸びているのが標準です。それ以上なら長い感情線、それ以前で止まっていたら短い感情線と見ます。

その名の通り、性格や性質、愛情や友情や家族愛などといった、広い意味での感情のあり方や表現の仕方などを表しています。心のあり方や性質は生活や人生、また趣味の持ち方や才能と密接に関わります。その人の心や感情が結局は運命のあり方を決定していくともいえるでしょう。乱れのない太い感情線の持ち主は安定し自信のある人ですが、融通が利かないという弱点を持ちます。流れが乱れハッキリしていない人は自分や他者の感情を把握することも苦手、線の途中に島を持つ人はその島の位置によって婦人科系や目、心臓などに問題を起こしやすくなります（152ページ参照）。

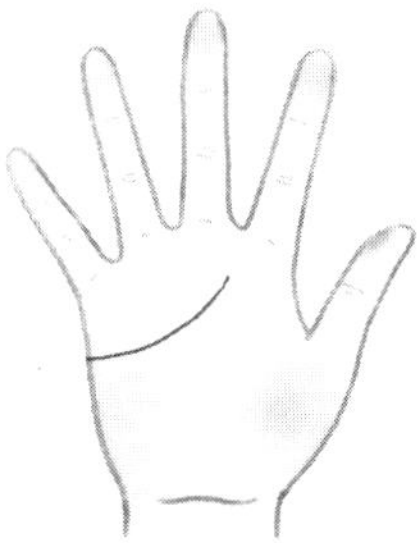

人さし指に向かって流れる

余裕あるユーモアの持ち主で皆に慕われる人格者。中指と人さし指の間まで安定した線が刻まれているのは、どんな問題も余裕を持って受け止められる証しです。また線の先端と指の付け根の空間は、心の窓。この窓が開いている人は心の風通しが良く喜怒哀楽に波がないのも特徴。おおらかな印象の持ち主です。

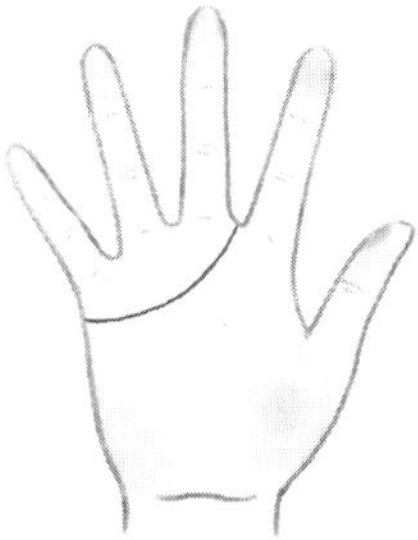

指の付け根近くに届く

孤独を愛し、自己のこだわりを追求していくタイプです。感情線と指の付け根までの距離が狭い人は、一人の時間を大切にし、自分の興味ある世界にこだわって生きるタイプ。モノへの執着も強いでしょう。また先端が指の付け根に届く人は秘密主義者。世の中を冷静に観察しつつ自己を探求していきます。

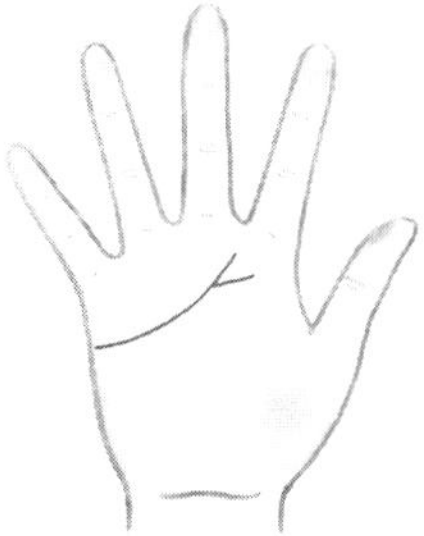

先端が大きな二股

何歳になっても若い感性で人生を満喫。フロンティア精神が旺盛で、挑戦を恐れない人。初めての場所でも人見知りせず、明るさと積極性で切り開き、リーダー的存在になっていきます。面白いものを見つけるのが上手で、周囲の人を飽きさせない魅力も兼ね備えています。自分の感情を押しつけず、聞き上手でもあります。

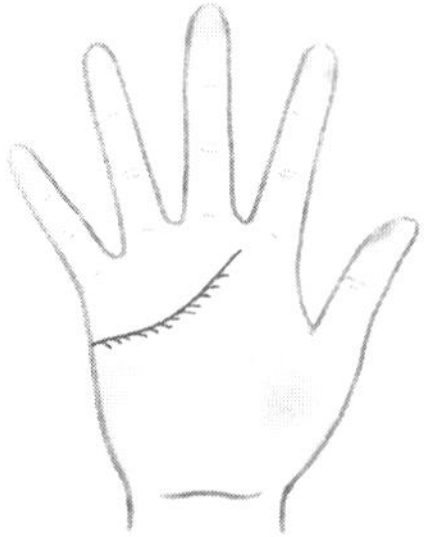

下降する波線が複数

優しさと温和な人柄が外見からもにじみ出ている人。2〜3ミリの下降線が規則正しく刻まれている人は、心のひだが多く、繊細な感性を持っているタイプです。思いやりと同情心に満ちているので、涙もろく傷つきやすい優しい人です。人間関係に疲れたら、動植物とのふれあいが元気の素になるでしょう。

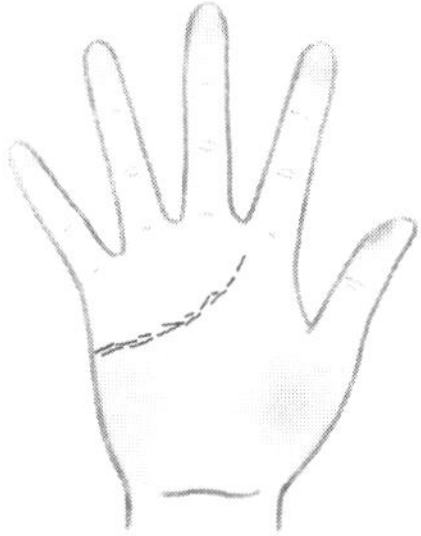

ランダムな線でつながる

心に荒波が立ちやすく、トラブルメーカーになりやすい人です。気分にムラがあり興奮しやすく、独占欲や執着心が強いわりに飽きっぽく、周囲を振り回すことも多く起こしがち。人の話に静かに耳を傾けるなど、ゆったりした生活を心がけると感受性の強さがプラスに向かい、整った線になっていきます。

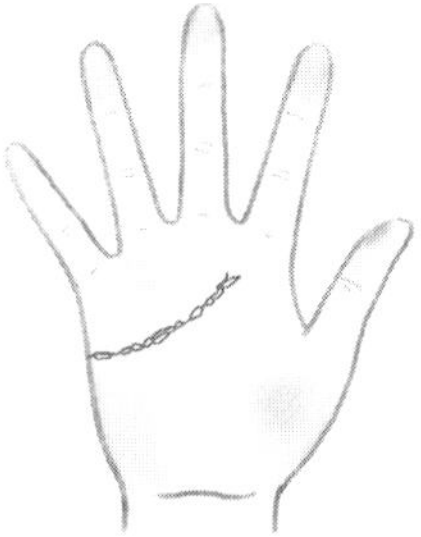

チェーン状になっている

感情&自己表現が素直にできにくいので、暗い印象を持たれがち。考え過ぎで、自己表現がうまくいかず、思いが周囲に伝わりにくいので、我慢や気遣いに疲れ果て、時折感情を大爆発させてしまう恐れがあります。また執着心も強く、他人の心を圧迫することも。時には明るい歌でも歌って、心の曇りを吹き飛ばしましょう。

✣ 運命線

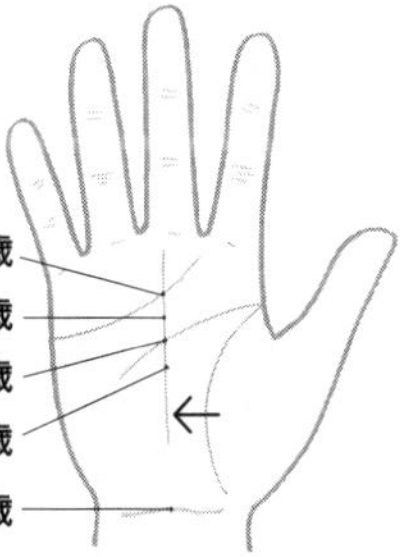

出発点はどこであっても、中指に向かって流れていくのが運命線です。運命を切り開いていこうとするその人が持つ意志の強さや、自分が自分らしく生きていくための自己プロデュース能力のあり方を運命線の刻まれ方によって知ることができます。

クッキリと一本が目立って伸びている人もいれば、切れ切れでハッキリとしない人、また稀に運命線らしき線が見当たらない人もいます。運命線はそれを持つ人の意志の力が刻んでいくものですから、心の持ち方次第でいかようにも流れを作り出し強化していくことができますし、また逆に、消極的になっているうちに弱まっていく線でもあります。

〈年齢の読み方〉
手首を横切る線の一番上が0歳、手のひらの中央が30歳、頭脳線との交差点が35歳、感情線との交差点が56歳。頭脳線と感情線の中央が45歳、0〜30歳までは6等分すると5歳刻みで読みやすい。

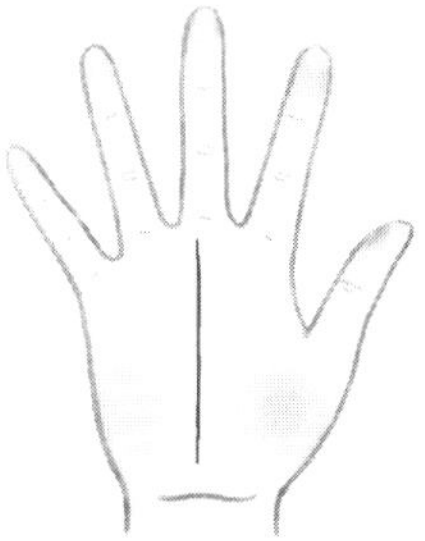

手首から垂直に上がる

個性や特技を生かし、自分の選んだ道を突き進む人。典型的な運命線に見えますが、手首からまっすぐ立ち上がるのは珍しいケースです。自分の力で人生を切り開き、自分らしい生き方をプロデュースしていく底力を持っています。個性が活きる職業に向き、独立独歩の人生を歩む人に多く現れています。

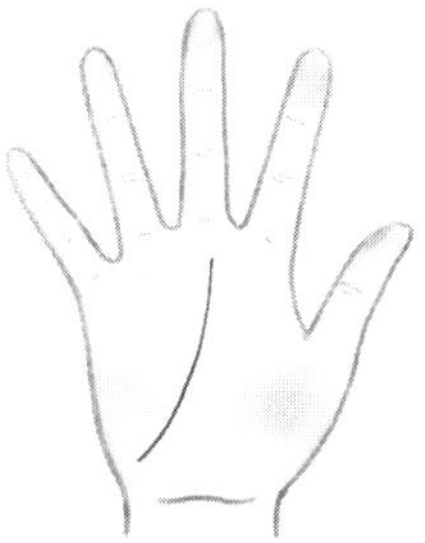

斜めから立ち上がる

生まれつき魅力的な才能を持ち、周囲からの引き立てを受けやすい人。チャンスと愛情を追い風に、能力を存分に発揮していきます。自分から動かずともスカウトや思いがけないチャンスを得て、能力を発揮。図のように月丘から立ち上がっていれば、スター的な魅力で大衆に支持され、大きな成功を収めていきます。

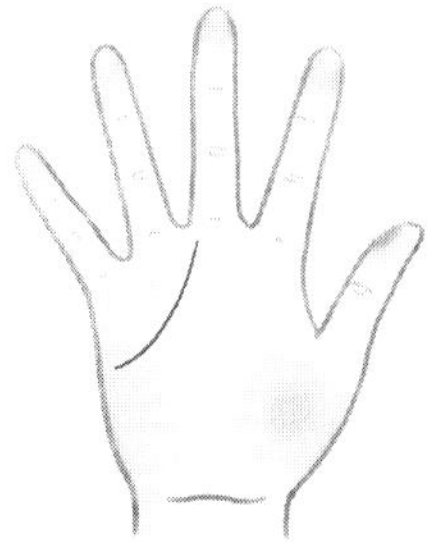

高い位置から伸びる

粘り強く頑張ることでいつしか成功していける人。手首から遠い位置に起点を持つ運命線は、大器晩成型のサイン。地道な努力を重ね、時間をかけて野望を確実に形にしていく力を持ちます。遅咲きであっても後半の人生は堅実で充実。手のひらの真ん中あたりならデビューは35歳くらいになります。

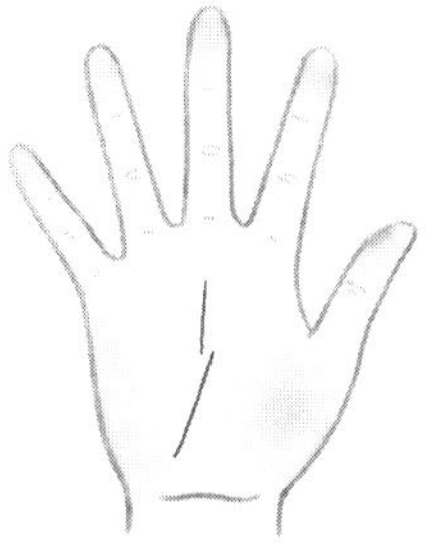

いったん大きく切り替わる

転職や転地などで、大きな環境の変化が訪れるサインです。切り替わった先の線が濃いなら、新たな生き方が充実して広がることを示唆しています。線が弱々しいなら、まだ変化のための準備が整っていないということ。目的意識を強く持って前向きに進めば、新しいフィールドでの活躍が期待できます。

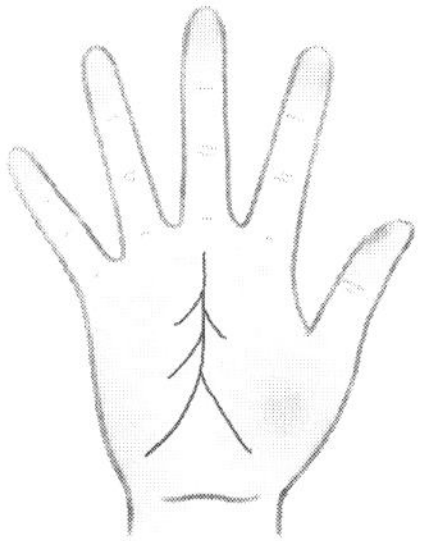

運命線を支える土台線がある

常に現実を直視し、実力を高め、飛躍への努力を怠らない人。斜め下から運命線を支えるように立ち上がる〝土台線〟は、堅実な計画と努力によって目標を達成していく証しです。幼い頃から達成願望が強く、実績を踏み台に、少しずつステップアップしていくのも特徴です。多くの勉強や体験が先の人生に活かされていきます。

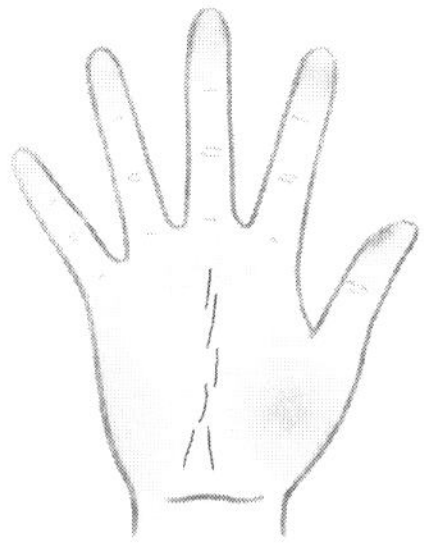

線が薄いか切れ切れ

今はまだ自由を楽しみながら目標を見定める時期。流されやすく、自信が持てていない状況なので、親離れを拒んだり、他者に頼ったり、占いや神頼みに走ったり、依存心が強くなりがち。ただ、方向性が決まっていないのは、自由と同意。いろんな経験を積む時期と捉え、目標を見つけていきましょう。

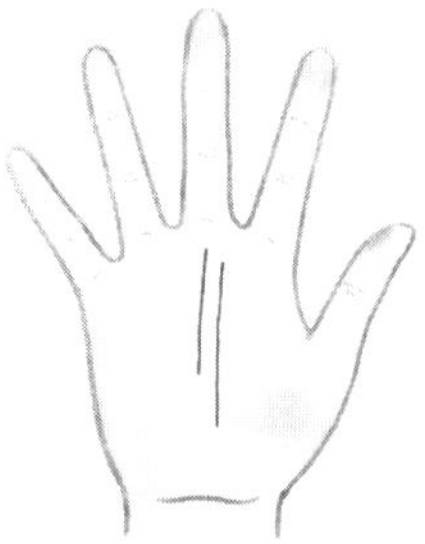

2本で流れる

メインになる働きを同時に2つ持ち、両方の世界で活躍していくことが可能なタイプ。例えばビジネスの世界で成功しながら、お金儲けとは関係ない趣味や研究の道でも成果を上げていくなど、2つの大きな肩書を通じて世の中で活躍できていく可能性があります。積極的に二足のわらじを履きこなしていきましょう。

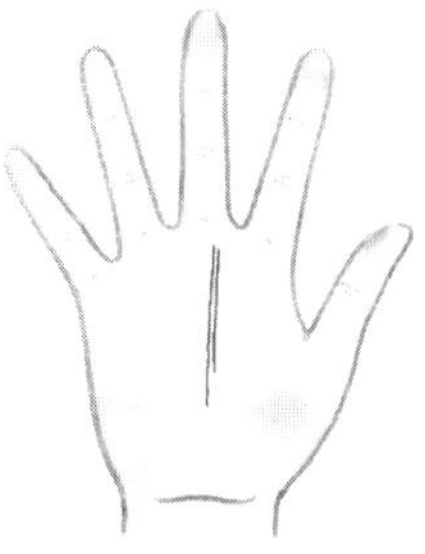

パートナー線をともなう

仕事の面でも信頼し支え合っていく、良きパートナーの存在を現します。同じ目的意識を持って将来に向かうビジネスパートナーの可能性もありますが、多くの場合、妻や夫の協力を得られて成功していくことを暗示しています。自分では職業を持っていなくても自分の知恵や運気を夫の仕事に与えている女性に現れることが多い線です。

✣ 太陽線

薬指に向かって伸びていくのが太陽線です。名前が示す通り、明るくエネルギッシュで楽しむ力、人々を喜ばせる力を持った人にクッキリと現れていきます。人気線、成功線と呼ばれることもあるようですが、明るくて楽しい魅力にあふれた人に人気が集まるのは当たり前、自分の喜びを多くの人に分け与えていく力を持ちます。

主に成功や人気や財力をこの線で占っていきます。運命線と同じく、出発点は人によってさまざまで、その位置や線の強弱によって成功のあり方や人気の様子を探っていくことができます。太陽線は誰もに現れる線ではなく、出ていないからといって悲観する必要はありません。むしろ、後天的に現れやすい線で、薄くてもその存在が認められるなら、より喜ぶ力を強化して楽しんで生きていくうちに、どんどん強く伸びやかに育っていきます。

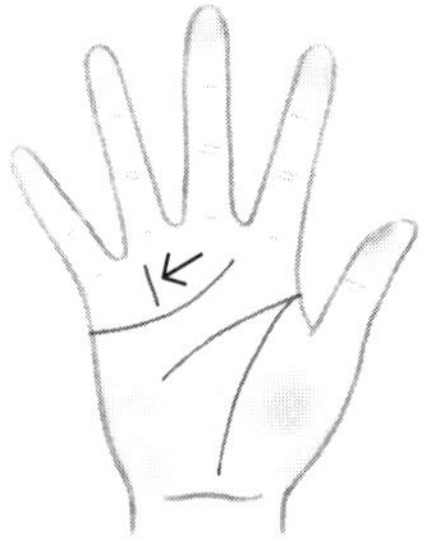

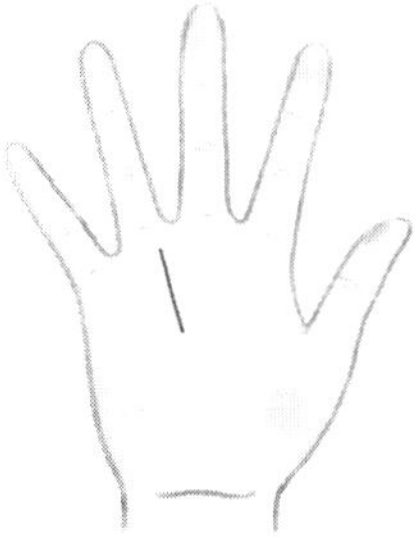

クッキリ伸び上がる

スケールの大きい成功で世の中に多大な影響を与えていく可能性を持ちます。事業で大成功したり、作品が人の心を揺さぶったりと、自分の名で成したことが人々に大きなインパクトを与えていきますので、この線の持ち主は自覚ある生活と覚悟が必要。線をせき止める横線がある場合は、思い上がると伸び悩むという未来への警告です。

生命線から立ち昇る

人並み以上の努力や独自の才能で、大成功する可能性があります。自分のオリジナリティやキャラクターが直接大きな成功に結びついていく相です。右手にある場合は、並外れた表現能力や根性で、左手なら生まれ持った特別な環境や運命が味方となって、大きな財が与えられるという相です。

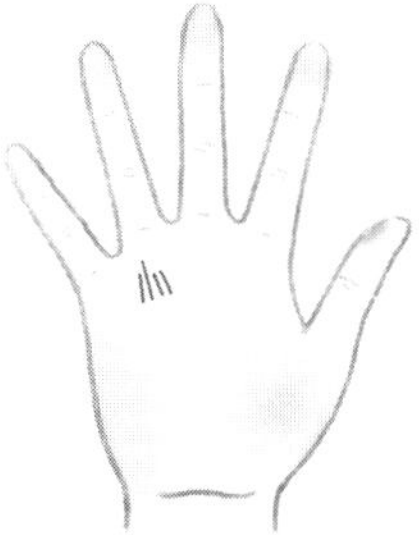

細かく複数ある

常にハッピーな波動で、明るさを周囲に与え続ける人気者です。どこにいても、その場を楽しみ、楽しませる力がある人。持ち前の朗らかさで人を惹きつけ、職場や学校の人気者になっていきます。どんな困難も前向きな姿勢で、明るく乗り越える力を持っているので、多くの人に相談相手としても慕われていきます。

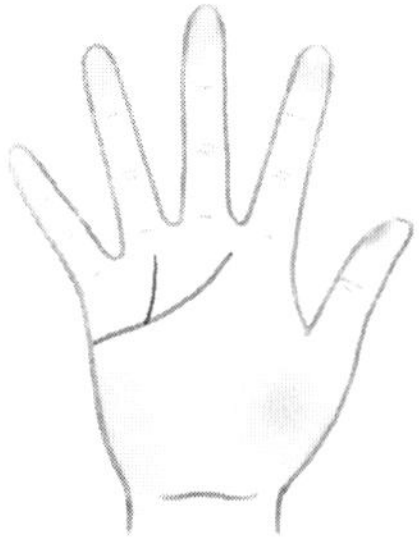

感情線から伸び上がる

心安らぐ笑いを振りまき、人々の心を和ませる、天然に可愛い魅力を持った人です。芸術的感性や生み出した作品、自身のキャラクターが人々に良い波動をもたらします。明るくサービス精神も旺盛で、人を笑わせることが大好き。そのエンターテイナー気質は、人々に自然な癒しを与えていくでしょう。

頭脳線から伸び上がる

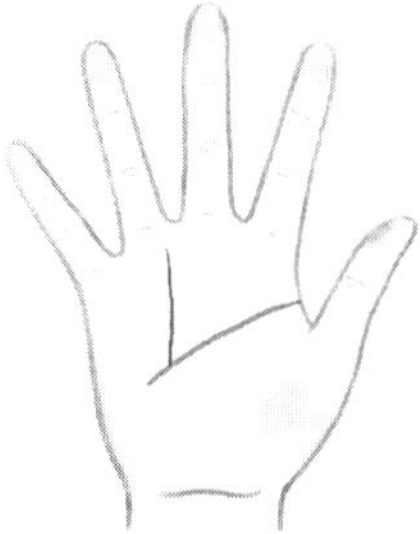

斬新な発想や知力や判断力で皆に必要とされる人物です。独自のアイディアや専門知識が多くの人の役に立っていきます。強い目的意識と聡明さがあり、努力をいとわないのも特徴です。成功までに時間を必要とする仕事、例えば医師や弁護士などといった知的な職業で大成し、人々から必要とされる存在になるでしょう。

運命線から伸び上がる

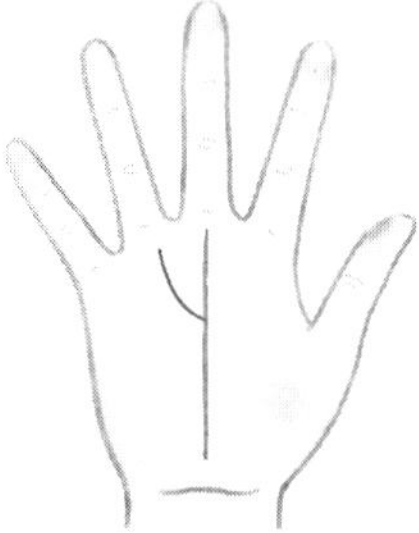

自分が決めた道で、遅かれ早かれ結果を出していくことのできる人です。その人にとっての天職により成功を収め、その成果が社会に良い影響を与えます。運命線と同じくらい強い線なら、働きに見合った評価がついてくると考えていいでしょう。運命線のどこに起点を持つかで成功の時期も推測可能です

（47ページの「年齢の読み方」を参照）。

丘のみかた

指の付け根のふくらみを丘と呼び、その大きさや弾力、色艶は、バイタリティや才能の質量に比例します。病気などでエネルギー量が減ると、ふくらみがしぼんでいき、心身の健康を取り戻せばハリは元通りになっていきます。

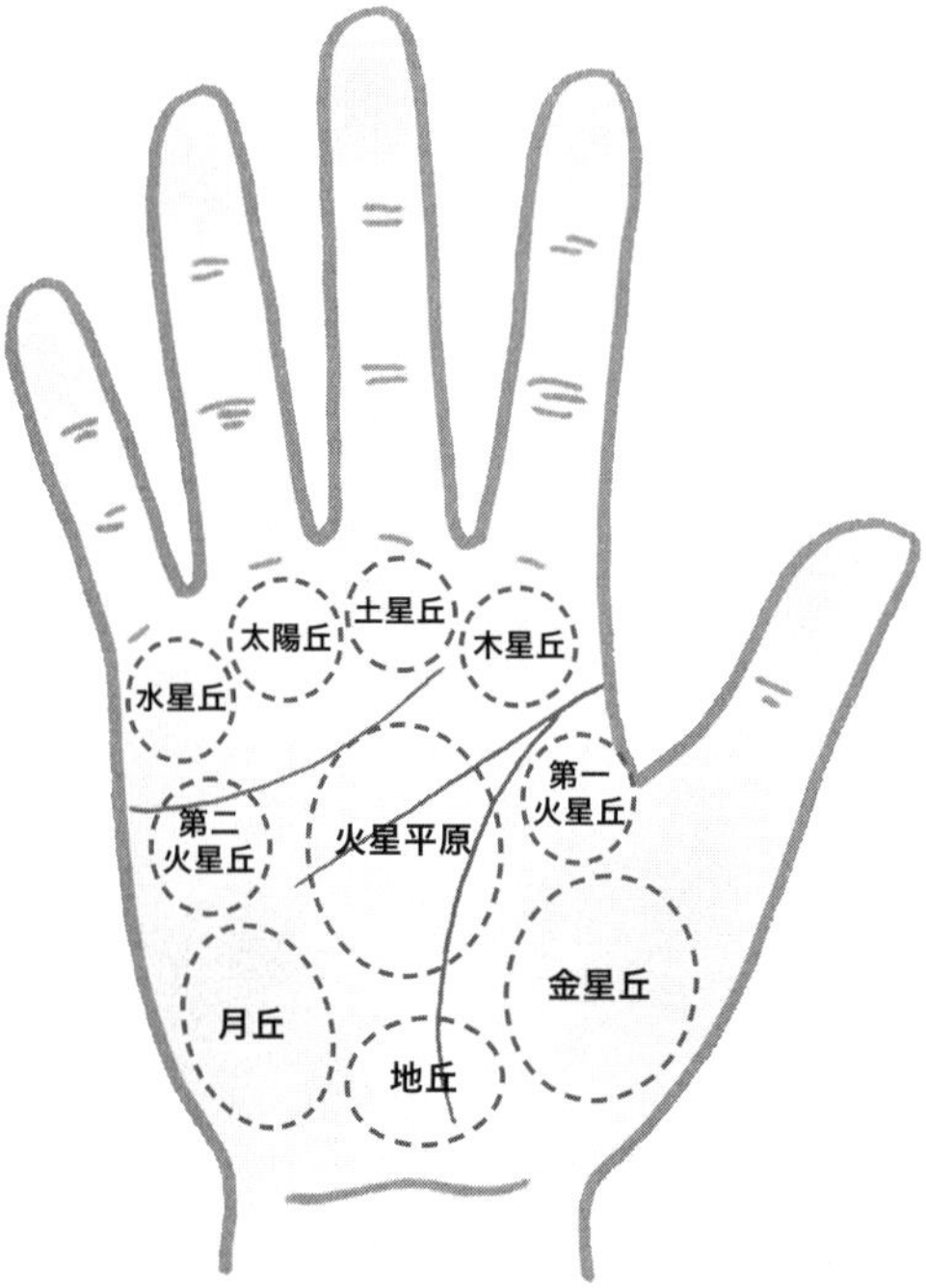

✣ 金星丘

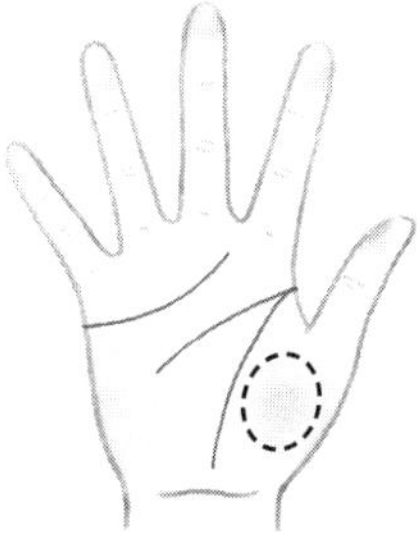

親指の付け根の大きなふくらみ、親指を支える筋肉に当たる部分が金星丘です。スタミナやバイタリティといった肉体や精神の力をここで量ります。

健康、活力、愛情といった、生きていくための底力がある人は、弾力を持って豊かに大きくふくらんでいるはずです。

痩せている感じの人でふにゃっとハリのない人は心身共に虚弱な面を持ち、覇気がなく魅力の薄い目立たないタイプです。親指を立てて指の先を大きく円を描くように回す親指のエクササイズによって、ハリのある豊かな筋肉を作り上げていくことができます。

パンパンにふくらみ過ぎている人はエネルギーが強過ぎて、暑苦しさを他者に与えてしまうタイプ、愛情表現においても直接的で押しつけ気味、ロマンティックさやソフトさに欠けて、敬遠されてしまう傾向があります。

✣ 月丘

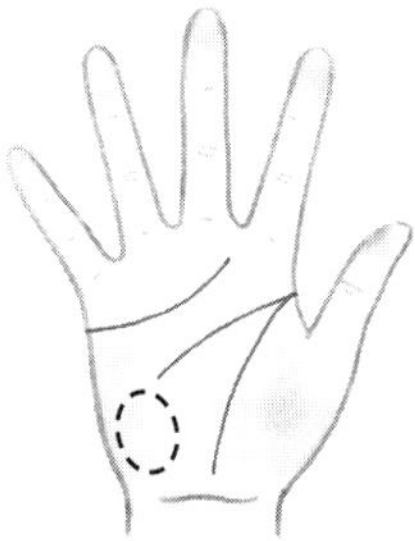

小指の下、手首の上のふくらみが月丘です。創造エネルギーの丘で、自分の中にわき上がるイメージを、作品や実際的な行動として表現する力が蓄えられています。想像力、空想力、推理力、文学的才能、美的感覚、また音楽家や画家、デザイナーとしての素質や、神秘的なインスピレーションの強弱も、このふくらみで計ることができます。横切る線が少なくてほのかな赤みを帯びたピンク色の艶を持ち、柔らかな弾力を持ってふくらんでいるのが理想です。

この丘が発達している人は、豊かな表現力やセンスにあふれ魅力的です。芸術家やクリエイターとして成功していく可能性があります。薄く痩せた印象なら感受性が弱く、喜びを感じる心も不足がちです。素晴らしい景色や芸術にふれても感動が少なく、大切な人生をただぼんやりと過ごしてしまいがちです。小指の先を親指の先とくっつけるなど、指の体操を繰り返して月丘の感性という筋肉をつけていきましょう。

✣ 太陽丘

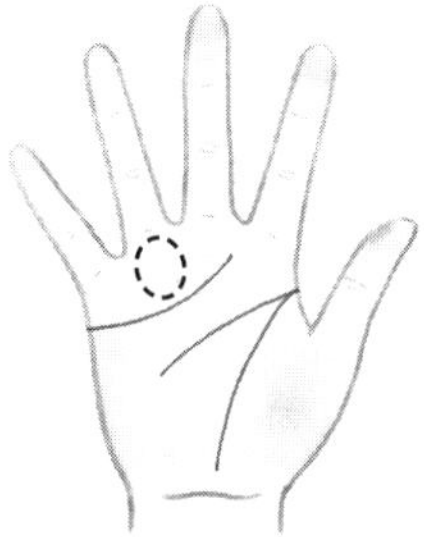

薬指の下にあるふくらみが太陽丘です。性格的な明るさや芸術に対するセンス、そして人気のあるなしをここで知ることができます。丸くふくらんでいる人は明るくて聡明、ユーモアのセンスもあり、暖かく人を思いやる心も備わっていて、人を楽しませる天性の力に恵まれています。表現力も豊かで社交性にもすぐれ、チャンスも訪れやすく、そのチャンスを活かして成功していく可能性も。

　ここの面積が広いほど、おおらかで包容力がある人です。広くてもふくらみが薄めだと、人が良過ぎて他人にエネルギーを吸い取られやすくなってしまいます。ふくらんでいなかったり目立たない人は、センスやユーモアのパワーが不足がち。喜ぶ力に元気がないと何があっても楽しめない面白みのない日々が続き、一緒にいる人を退屈させてしまいます。薬指の付け根を手首に向けて近づけていくエクササイズを続け、鈍感になりがちな心の力を活性化していきましょう。

✣ 水星丘

小指の下のふくらみが水星丘です。言葉、作品、発明、組織、財産、子孫など、幅広い意味での「生み出す力」を表し、また、表現力、社交性、商才などコミュニケーション能力の強弱を表しています。

発達している人は頭も良く表現力も豊か、社交性にもすぐれています。頭の回転も速くて言葉も巧み、他人との交渉やかけひきも得意で金銭感覚も発達していますので、早くから成功していく人も多くいます。

薄い人は他人や社会に対する関心が低い人です。口べたで消極的、地味で存在感や覇気のないいわゆるオーラの薄い人。月丘が発達しているのに水星丘が薄いと、豊かな想像力があってもただの空想で終わってしまいがち。小指を折り曲げる運動を繰り返したり小指の付け根を円を描くように回したりすることで、この丘の働きを強化していくことができます。

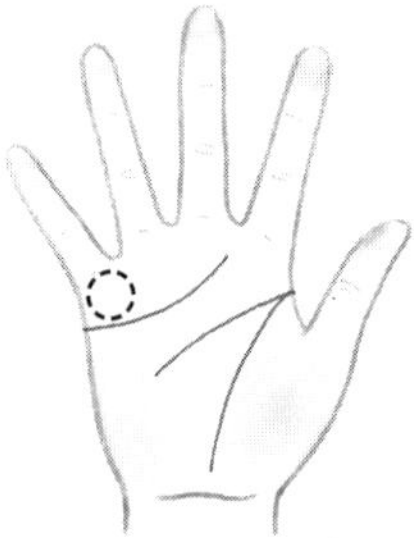

✣ 木星丘

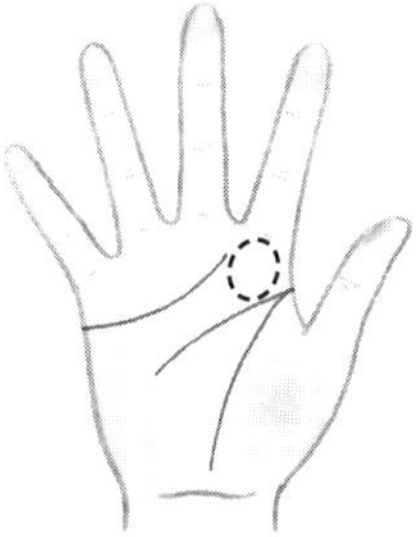

人さし指の下にあるふくらみが木星丘です。野心や野望や指導者としての資質を表す丘で、いつも希望を持って前向きに人生を切り開こうとしている人は、豊かにふくらんでいます。丘の面積が広い人はおおらかで気前が良くて社交的です。

盛り上がりが大きければ向上心旺盛な努力家で、他人の力を借りず独立独歩で人生を切り開いていきます。

他の丘と比べて発達し過ぎている人は強引で我がまま、支配力を押しつけてやたらと威張りたがるタイプ、自信過剰で敵も多いタイプです。

薄い人は向上心に欠けた臆病な人、引っ込み思案でチャンスを取り逃がしてしまいがち、人を頼り人に使われながら生きていきやすくなります。

名誉や権力、支配力を表す丘なので、自分の生きる道や望むビジョンがはっきりしてくると、ハリや艶が出てきます。

✣ 土星丘

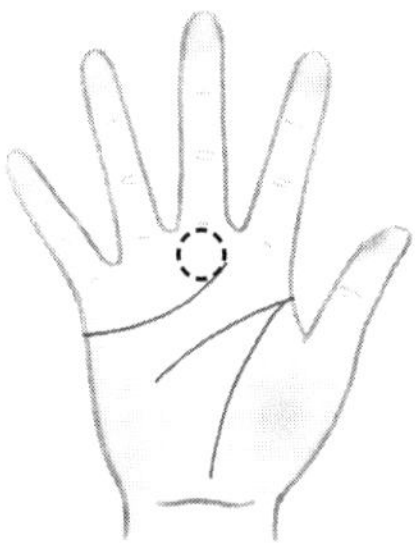

中指の下にあるふくらみが土星丘です。この丘が発達している人は孤独を愛する哲学者タイプ、自分の内面と常に向かい合い思慮深く忍耐力も強い人です。

高く発達し過ぎている人は、自分の世界に閉じこもって社会との関係性を閉ざしがち。陰気な頑固者にならぬよう注意しましょう。ここが平らになっている人は無節操で考えが浅く、早合点して安易に行動してしまいがちです。

この丘では思慮深さや冷静さや勤勉さや警戒心、そして神秘性の強弱を知ることができます。自室や書斎、研究室、アトリエ、スタジオ、道場などに一人でこもり、考えやイメージ、技術やインスピレーションを深め成功していく作家、学者、クリエイター、発明家、哲学者、宗教家には、なくてはならない意味を持つ大切な丘です。

生涯を通して実際的な交遊関係の幅は狭くなりがちですが、その人が孤独の中から生み出した作品や仕事の成果は広く社会に知れ渡り、大きな働きを果たしていきます。

✣地丘

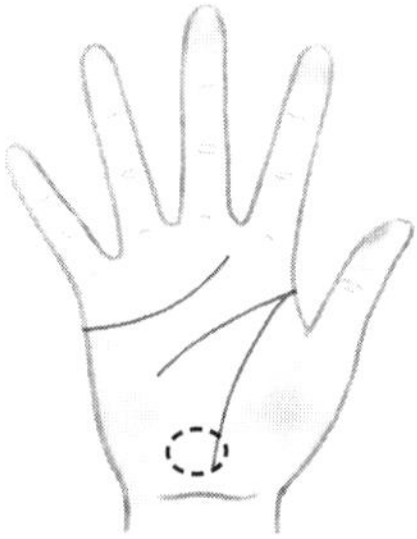

手首のすぐ上にあるふくらみが地丘です。この丘では生まれつき与えられた知力や体力、生活力といった、底力の強弱を計ることができます。たとえこの丘が目立たなくても、前向きなやる気のパワーを持ち、実際的な行動力を持って生きていれば、いわゆるハングリー精神をバネとして、自分の力で人生を豊かなものとして切り開いていくことができます。反対にこの丘が豊かでも、向上心を持たず消極的に生きていくと、与えられた運命に甘んじて、いつまでも親や遺産に依存して、不平不満の多い人生を過ごすことになってしまいます。手首を折り曲げるような運動を重ねることで、後天的にこの丘を強化していくことができます。

地丘が薄く横切る線を多く持つ人は、愛情不足でトラブルの多い家庭で育ったことを暗示しています。どちらにしてもやはり人生は、自分の力で築き上げていくもの。心がけひとつで与えられた基本的な運の力を変えていくことが可能なのです。

✣ 第一火星丘

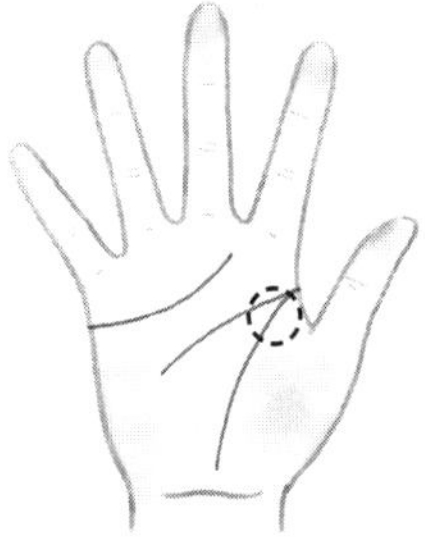

第一火星丘は人さし指の付け根と親指の付け根のちょうど中間地点にある目立たない丘です。勇気や闘争心や攻撃性を示します。この位置が発達している人は、現実的な知力と実行力に恵まれ、女性でも男性的な強さを持った、とても度胸のある人です。目立ってふくらんでいるようなら、自衛本能や攻撃性が過度に働き敵を作りやすくなってしまいます。自分勝手で人の意見は聞かず、我を張り通しているとやがて孤立してしまいがちです。

本当に強い人とはおおらかで優しい人のことです。犬でも強い犬ほど無駄吠えをせず堂々とした風格を持っています。攻撃性は弱さの象徴でもあるのです。

この位置にハリがなく、へこんだ印象のある人は、影の薄い自信のないタイプ。現代社会という荒波を生き抜く生活力も不足しています。こんな人はグーとパーを繰り返す手のひらの運動を繰り返しているうちにハリも育ち、勇気の力も強化されます。

✣ 第二火星丘

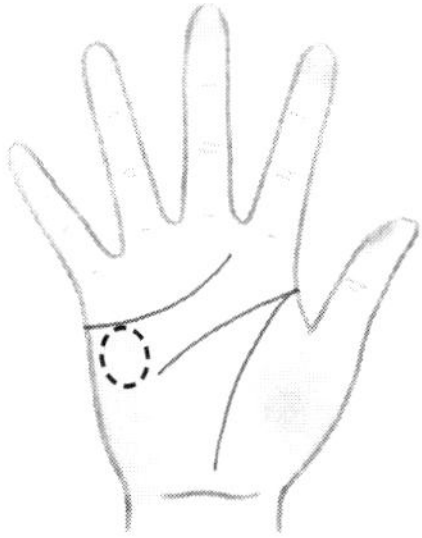

手のひらの側面、中間地点からやや上の部分、頭脳線と感情線にはさまれたあたりにあるハリが第二火星丘です。信念を貫こうとする正義感や抵抗力の強弱を表し、別名「戦いの丘」とも呼ばれます。

ここにハリのある人は、向かい風の中でも踏ん張って突き進んでいく力があります。第一火星丘が外部に対しての力を表すのに対して、第二火星丘は現実から自分を守る内面的な力を表しています。この2つの丘がバランス良く左右に現れているのが理想的。

第二火星丘が発達している人は困難なことにも理性をもって対処し、チャンスの到来をじっと慌てず待てる力を持ちます。来るべき未来に向けて備えを蓄え、待つ力という知性を持つ人なら、どんなことがあってもきっと大丈夫。失敗の少ない豊かな未来を切り開く可能性を持っているはずです。

✣ 火星平原

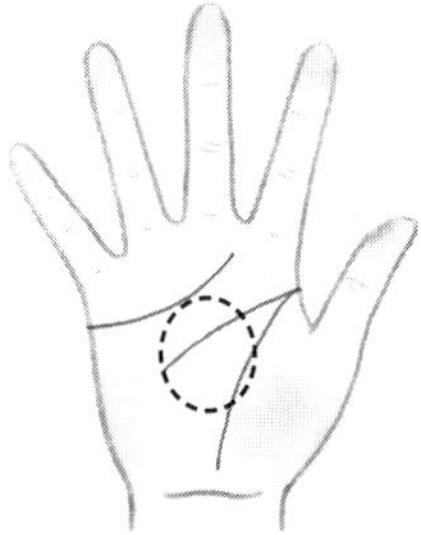

手のひらの中央の平らなくぼみが火星平原です。ここを取り囲む他の丘が発達していることで、盆地のように自然に広がって見えるのが理想です。人生を前向きに切り開いていく力を表す運命線の流れは、火星平原から中指に向けて伸び上がっていきます。ここが平らでハリがあり、運命線を遮る障害線も目立たないようなら、明るい未来が開けていく可能性が大きくあります。扁平足のようにのっぺりとなっていたり、弾力がなくへこんで狭過ぎるようなら、心もへこんで弾みをなくしている状態と判断します。手のひらのちょうど真ん中には活力の泉のようなツボがあります。ここを押して刺激を与えていくだけでもやる気や元気を回復させていくことができます。

周りの丘が目立たず広過ぎる場合は、人や物事に流されやすく個性を発揮しにくい状態。逆に発達した丘に圧迫されるように狭まっている場合は、自分のエネルギーを周囲に押しつけ社会的な視野も狭まっていることを示唆します。

手のひら恋模様

essay

恋の副作用

恋は大切、恋は人生を活性化し、人を美しく磨いてくれる。

恋のない人生は、とてもわびしい。

しかし恋には恐ろしい副作用もつきまとう。片想いならまだ楽だけど、それがある種の実際性を持ち始めたあたりから、恋の副作用が徐々に頭をもたげてくるのだ。嫉妬、独占欲、猜疑心、自信のなさはコンプレックスに結びつき、思い込みは身勝手な我がままに結びつく。愛情確認は約束という束縛で相手を窮屈にし、恋が始まる以前より人は淋しさを深く感じ、待つという行為がとてもつらく苦手なものとなってくる。心は常に興奮し、欲望の強さにともないせっかちになって、顔の表情も光と影を行ったり来たりしてしまいがち。貧乏ゆすりとため息も副作用の一種に思える。

恋をすれば満たされるはずだった心や身体が、恋の進行とともに欲張りになって、少しの不満がブーイングに結びつく。

愛されたことを確認すると人はなぜか図々しくもなってきて、チャーミングな笑顔がゴーマンな態度にすり替わってもしまいがち。

ああ、恋は、恋ほど素晴らしいものはないのに、なのに恋は、恋は心を不自由にもする。

恋をすれば人生が輝くはずだった。暖かな安心が得られ不安感や淋しさから解放されるはずだった。恋をすればもっと愛されるはずだった。自分の心だってもっともっと丸く優しくなれるはずだった。なのになのになのに…。恋をして泣いてる人にアドバイスをするならば、恋も修行とカクゴをすること。弱さに気づき、心の中のとげを知り、優しさを求める前に優しさで包み、試すことをせず、試されたら発展のための進級テストなんだと受け止める。こんなに苦しいほど好きになれたのだなあと喜び、副作用の弊害よりも恋という素晴らしい効用に感謝する。

優しくて勇気や元気をくれて、うるさくなくて面白く、無条件にまっすぐ自分をみつめてくれる笑顔の人を、誰だって誰だってきっと求めているはずですから、そんな自分を目指しましょう、頑張って恋をしましょう、自分と相手の表情を美しく育ててくれる恋ならば、その恋はいつまでもきっと続いていくはずだから。

テソーミルームは恋の相談で大忙し。今日のお悩みはなんでしょうか？

Q1 長年つき合っている恋人がいますが、結婚を約束しているわけでもなく不安です。

恋人がいて、しかも結婚という形態に縛られていないって、ある種素敵な状態といえるとも思いますが…。さて、まずは生命線の1〜2ミリ内側（親指側）を流れるパートナー線を観てみましょう。生命線と並行するように現れていますか? 並行して流れる距離が長いほど変わらぬ愛情が継続しているというしるしです。右手には自分の愛情が、左手には相手から受ける愛情が現れます。パートナー線を見つけたら、その線の先が生命線と接するかどうかチェックしてみてください。接するような ら、長い春を経てやがて結婚へと至る可能性があります（A）。接することなく並行したままだと、結婚はしないもののこのまま今後も愛情関係が続いていくと判断します（B）。線が生命線から離れていったり（C）、障害線によって止まっているようなら（D）、新たなる結婚相手との出会いにもそっと期待をしてみましょう。

結婚を望むくらいにうまくいっている二人の関係が、結婚という二文字によって崩れ始めるということもよくあります。結婚がはたして恋愛のゴールでしょうか。愛し合う人がいてくれるから一人でも頑張れるという生き方もあるように思います。恋人が好きで結婚話が起きていないなら、今は結婚よりも今ある恋を大切にしてみては？

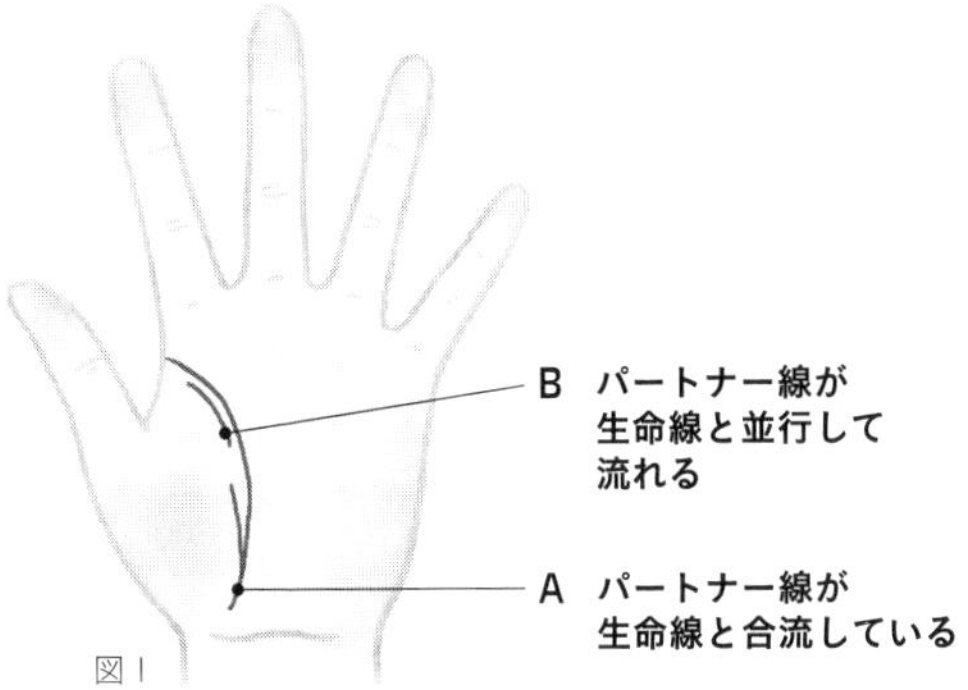

図1

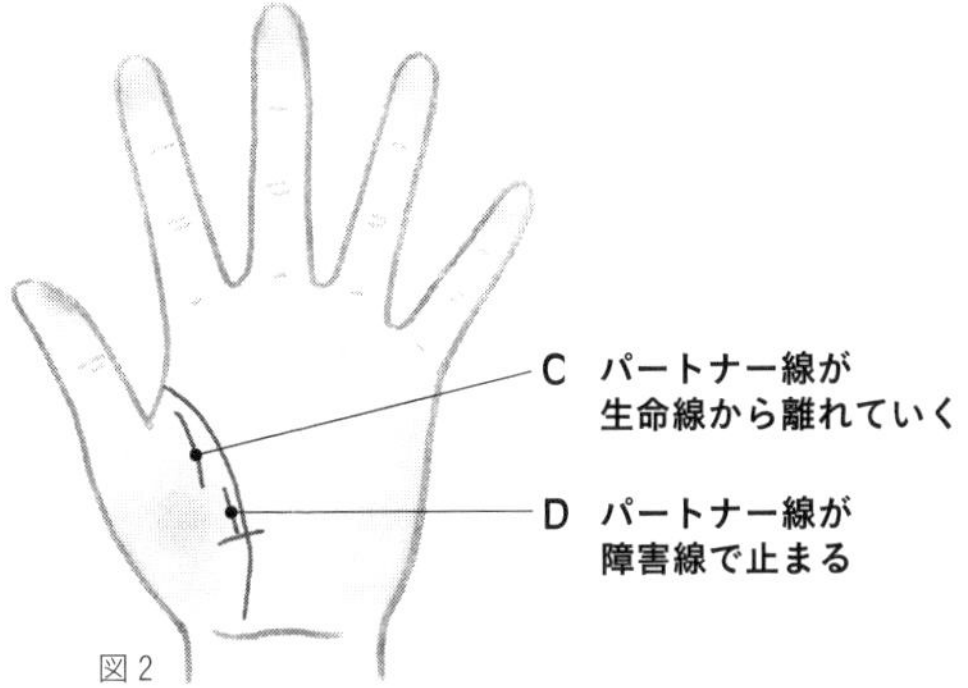

図2

Q2 友人に次々と恋人ができて、最近取り残された感じがしています。私はこのまま一人ぼっちですか。

一人ぼっちは淋しいですよね、恋人欲しいですよね、どうせだったらお互いの人生に良い影響を与え合って安心しながら成長していく、そんな出会いが望ましいですよね。さあまずは、素晴らしい出会いを暗示する影響線を探してみましょう。影響線は斜め下から運命線を支えるように伸び上がってくる線で、この線が運命線と合流するようなら出会いの可能性が大きくあります。運命線のどの位置と合流するか、その位置が何歳くらいを示しているかを探ることで、出会いの時期の見当をつけることができます（図1）。

影響線は出会った後から現れてくることがあるので、たとえ今の時点で見つからなくてもあきらめないでください。影響線が見当たらない人は次に結婚線を観てください。結婚線のどれか一本が赤みを帯びてきているなら、近々結婚と結びついていくような恋が近づいている可能性があります（図2）。

結婚線も地味なようなら太陽線を観てください。薬指に向かって伸び上がる太陽線を持つ人は、人に喜びを与えられる人気者です。太陽線のみ目立つようなら今は一人のステディを決めずに多くの人々の中で輝いていてください（図2）。

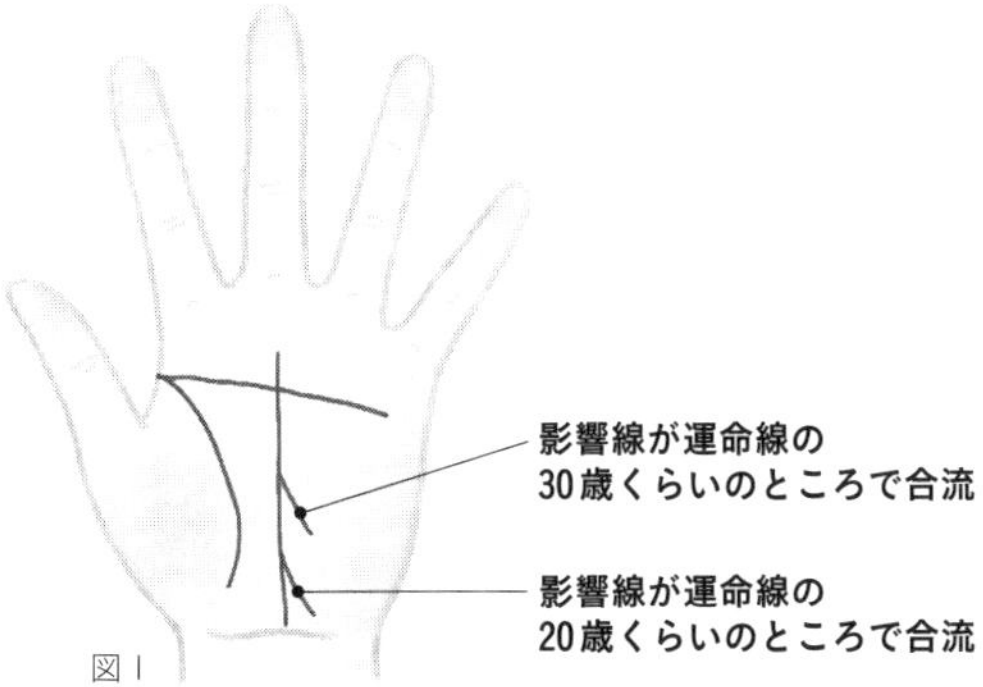

図1

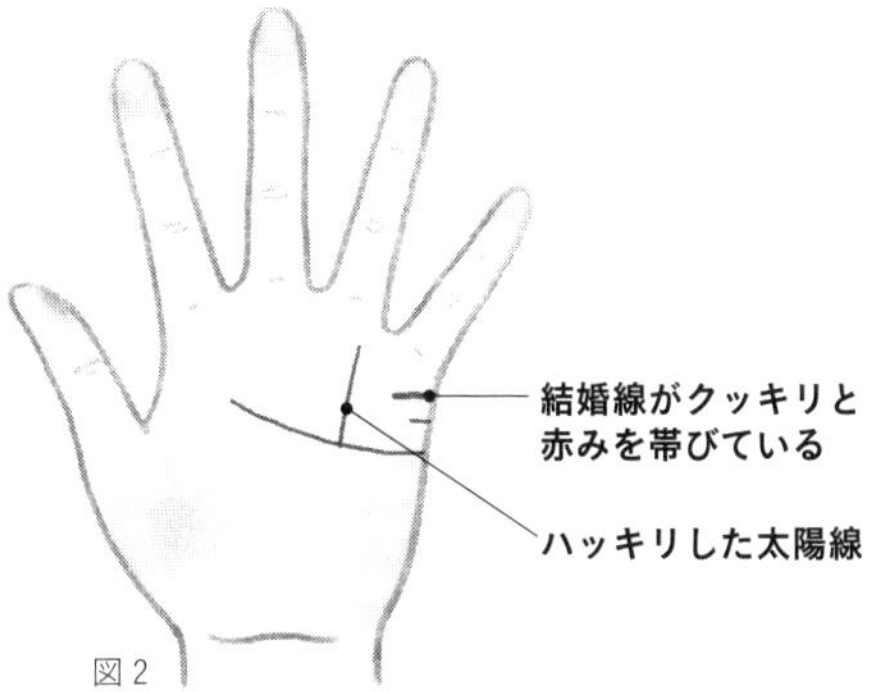

図2

Q3 別れた彼（彼女）が忘れられません。

別れた後も忘れられないということは、素晴らしいおつき合いができていたという証しでもありますね、素敵な思い出もたくさんあるのでしょう。今でも好きなら、大切な人だと思えるようなら、無理をして忘れようとする必要はないと思います。前の人を引きずっている間は次の恋が始まらないのではと考える人も多くいますが、前の人への想いがバリアとなってそのバリアに弾かれて心の中に入ってこれないようなインパクトの弱い人なら、恋の新人としてはふさわしくないのかもしれません。

別れた彼と復活の可能性はあるのか、新しい縁の始まりを待った方が良いのかを探る手がかりとして、生命線の近くに現れるパートナー線の様子を観てみましょう。縁が離れていく場合は、パートナー線が障害線で止まったり、生命線から距離が離れていきます。この流れがそこで途切れているようなら、そのパートナー線を美しい思い出に高めていきましょう。障害線を乗り越えて同じ線の続きとして流れていくようなら、別れの原因になった問題を解決して恋人関係が復活する可能性があります（図1）。

途切れた流れの先に新しいパートナー線が現れているようなら、新しい恋の始まりの暗示です。前の恋の反省点を糧にして期待して次に備えていきましょう（図2）。

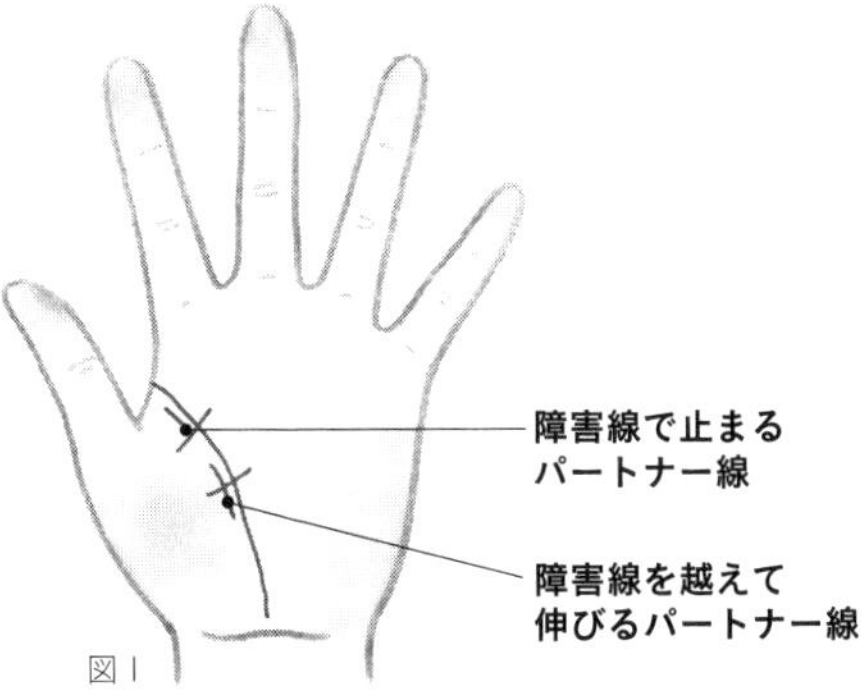

図1

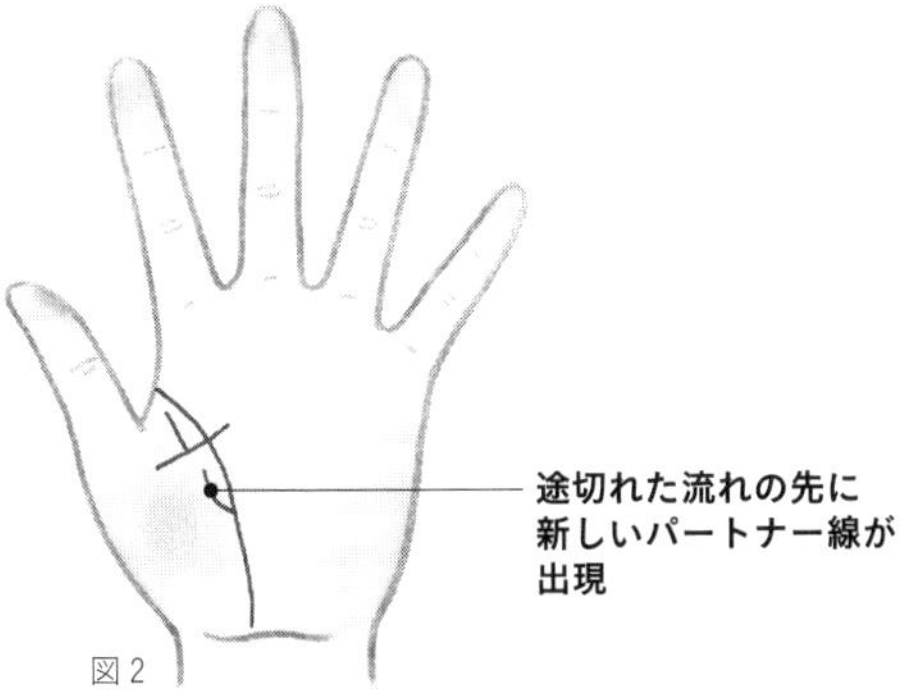

図2

Q4 既婚者とつき合っています。何度もこの関係をやめようと思うのですが…。

やっと好きな人に出会えたというのに、あなたとの出会いの前に彼にはすでに家庭があった。でもそれをわかった上で二人のおつき合いは続いている。よっぽど好きじゃないと、不倫のリスクをしょったまま続いてはいきにくいですよね。それとも、ただなんとなくズルズルと？　二人の出会いと愛情が必然のものであるならば、愛情を表すパートナー線が刻まれているはずです。ただ不倫という関係の場合、通常は生命線の内側に流れるパートナー線が生命線の外側（小指側）に現れているのが特徴です。とりあえずの関係ならば刻まれていないか、刻まれていたとしても切れ切れか薄いはずです（図1）。

不倫でもいい、好きな人に会い続けていたいのか、やはり不倫は倫理的にも心の重荷になり過ぎて相手や自分を大切にできないから思い切って断ち切ってしまうのか。

それもやはり自分次第。相手次第ではないのです。

そして実は、夫ある女性の不倫もとても多いのが現実です。結婚線の下に並行して流れる細い線があるなら、相手に別の異性が存在するということ。結婚線の上に現れるようなら自分の方に別のパートナーが現れるというしるしです（図2）。

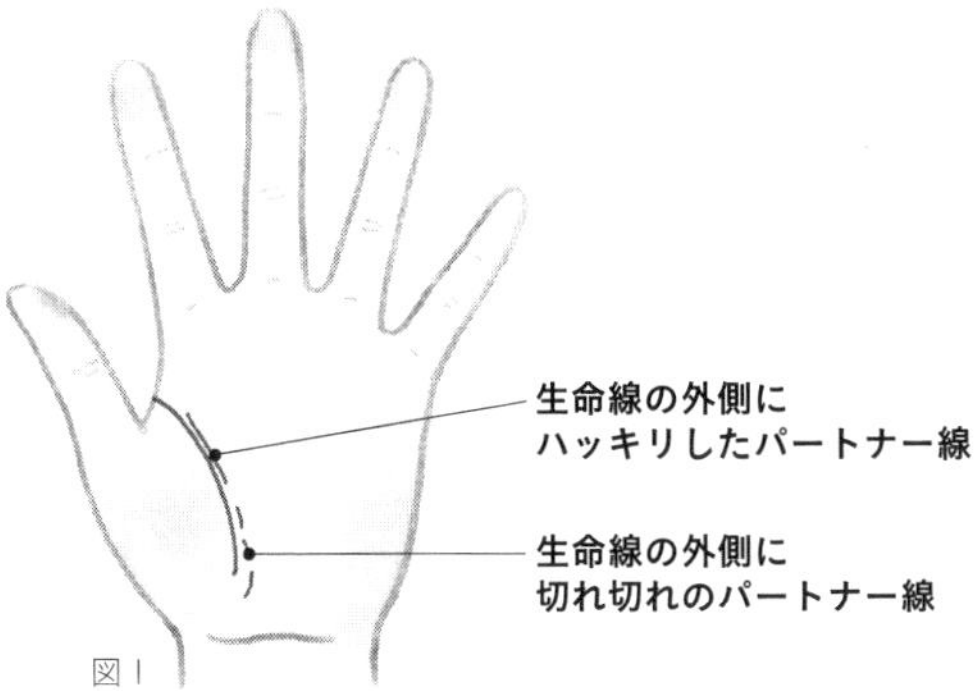

図1

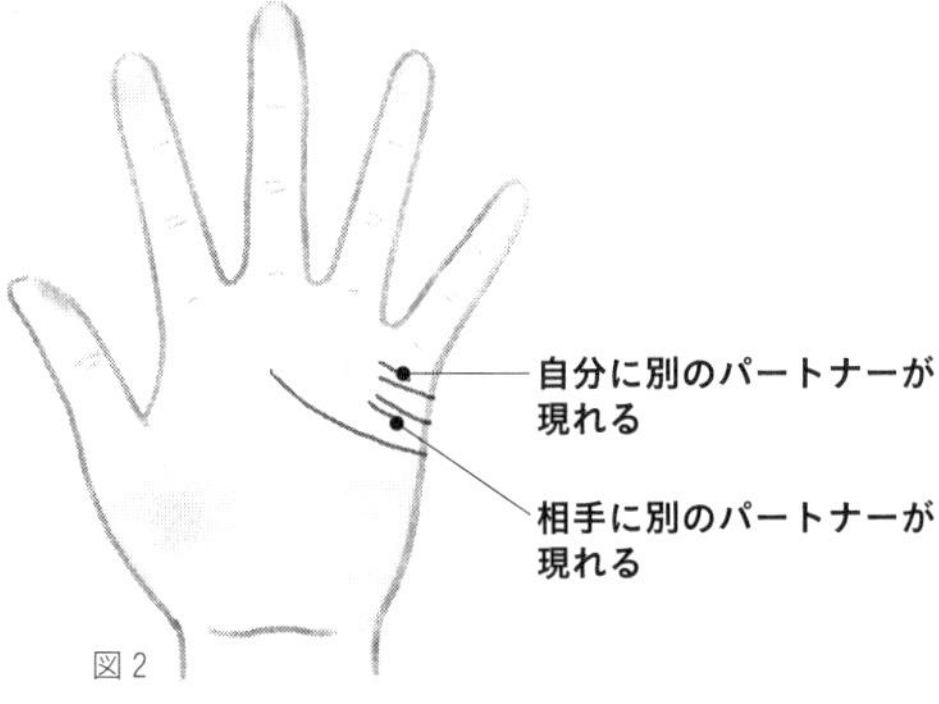

図2

Q5 好きな人がいるのですが、最初の一歩を踏み出せません。

自信がないからですよね。多分ダメだろう、だったら振られてあきらめてしまうよりもこのまま片想いを続けていたいということかもしれません。片想いであっても、恋に違いはありません。好きな人には良く思ってもらいたい、愛されたいというのは自然な欲望であり、この欲望が自分磨きに直結していきます。ただ人は、その欲望が強くなるほどに自分の欲望に照れてしまって臆病にもなってしまうのです。最初の一歩を踏み出せないなら、まだ自分の中の準備不足で告白のタイミングが訪れていないと考えた方が、無理をするよりもその先の可能性が高まっていくのかもしれません。

男女共、恋にはとても敏感です。言葉による告白を受けなくても、あ、この人、自分のことが好きみたいって、その眼差しや態度からなんとなく感じるものです。お互いに気になっていることが感じ合えたら、自然に二人で恋のスタートは切られます。

嬉しい予感がある時は左の手のひらに障害線は目立たないはず。無理だと思ってブレーキがかかっている時は横切る線が目立つはずです（図1）。

告白の決断に自信がある時は左の頭脳線の先がスッキリと伸び、告白に迷う間は頭脳線の先も複雑で、迷いの様子が現れているはずです（図2）。

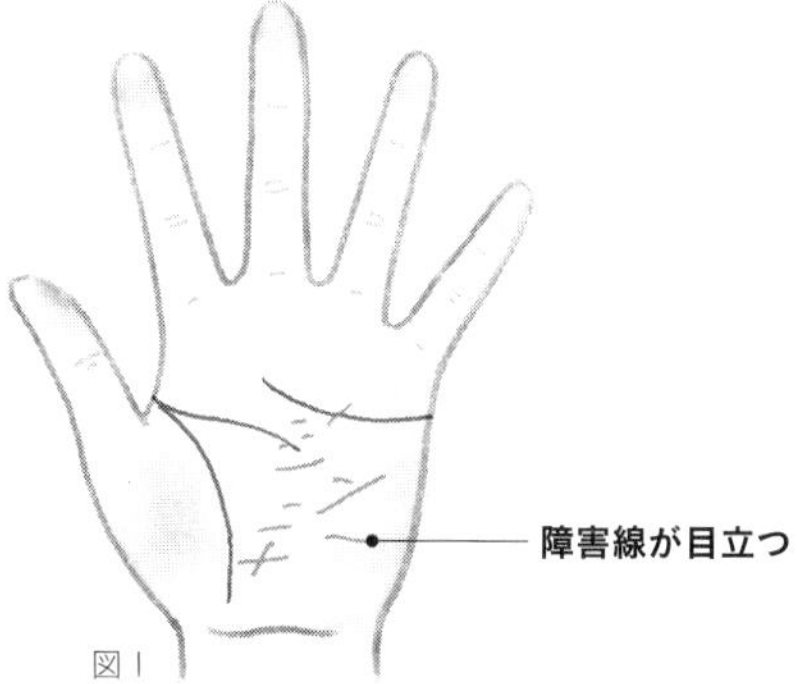

図1

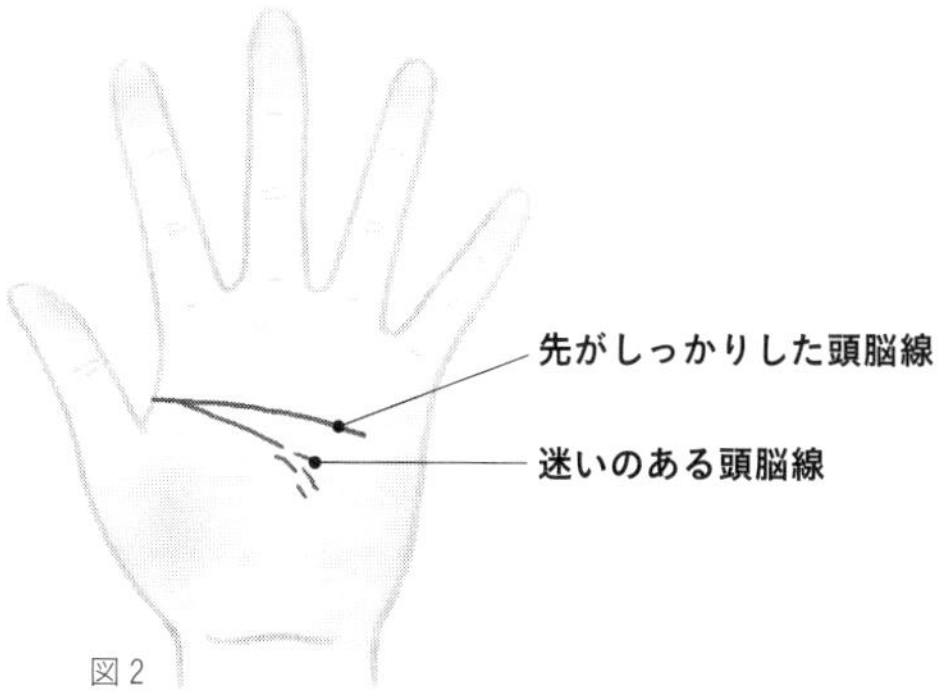

図2

Q6 恋人はできるのですが、いつも長続きしません。

小指の付け根と感情線の間に刻まれる結婚線が、細く何本も現れてはいませんか？　こんな時はまだ多くの恋を経験する時期で、運命の人には出会えていないことを示唆しています（図1）。長続きするステディが現れてくる時は、結婚線のどれか一本が赤みを帯びて目立つようになっていきます。

次に生命線の近くに現れるパートナー線を観てください。短い線が生命線から幾本も切れ切れに現れていませんか？　これは、短い恋の繰り返しのしるしです。生命線に接してすぐ離れていくなら、最初がピークで徐々に心が離れていくことを、接することなく短く切れ切れに刻まれているならお互いを理解し合えるまでに発展しないで終わる一時的な恋的状況を表しています（図2）。

短気な人、せっかちな人、愛情を押しつけがちな人、身勝手な人、感情表現が苦手な人、ＹＥＳ－ＮＯの判断がつけにくい人、表情や言葉遣いのきつい人、やたらにキャーキャー騒ぐ人、わざとらしいしゃべり方をする人、条件やブランドにこだわりやすい人、約束が守れない人、約束で縛りたがる人などは、やはり恋の法則として、相手を疲れさせたり退屈させたりで、長続きの恋は得られにくくなってしまいます。

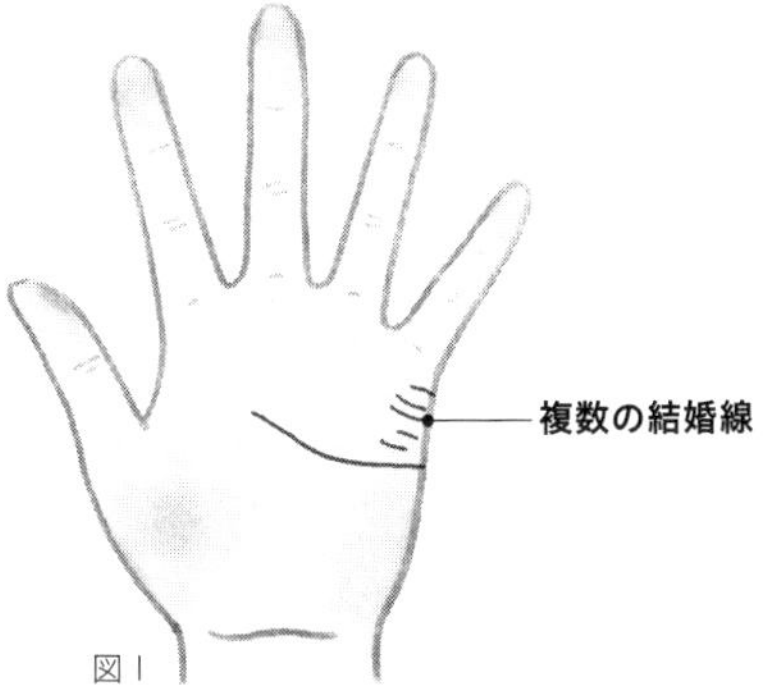

図1

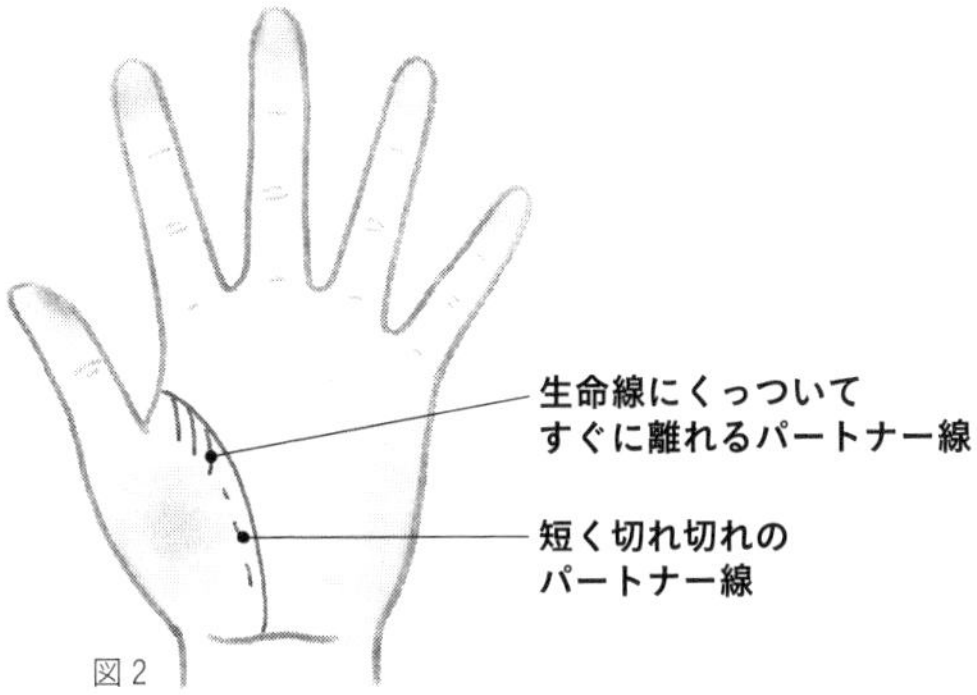

図2

恋の悩みは手のひらに相談しましょう

手のひらが恋の到来を告げる時❶ ラッキーライン

手相では、出会いの時期、恋の結末、陥りやすい恋愛パターンなどを知ることもできます。恋愛に関することは、私生活を表す左手を中心に診断します。恋愛模様を表すさまざまな線の流れや現れ方から恋の行方を占っていきましょう。

ここでは幸せな恋が訪れる時に現れたり変化していく線の流れを紹介します。嬉しくなるような線の流れを発見したら、積極的に前向きに自分を磨いていきましょう。ああ、こんな素敵な人に出会えたと、相手の人にも喜んでもらえたら最高に幸せですよね。

金星環が現れる

感情線の上に弧を描く金星環がスッキリ流れている時は、心を高め合う素晴らしい恋ができる状態。恋をすると感性も高まり、魅力も磨かれていきます。

パートナー線がクッキリ

左手の生命線の親指側1〜2ミリのところに現れるパートナー線（＊1）は、愛情を感知するサインです。人生を共にする相手との出会いを期待して。

結婚線が赤みを帯びている

多くの人に複数本現れる結婚線。その1本が赤みを帯びてきたら、結婚に結びつく恋の準備が整った証しです。入籍をしたり大恋愛が成就していきます。

運命線に影響線が注ぎ込む

影響線（＊2）が運命線に合流しているのは、インパクトある出会いがあるサイン。合流地点から先の運命線が濃ければ間違いなく良縁の兆し。

寵愛線が出てくる

月丘から2本並んで薬指に向かっていくのが寵愛線。これが目立ってきたら、思いがけない理想の人から愛情を受けたり、嬉しい恋の始まりとなります。

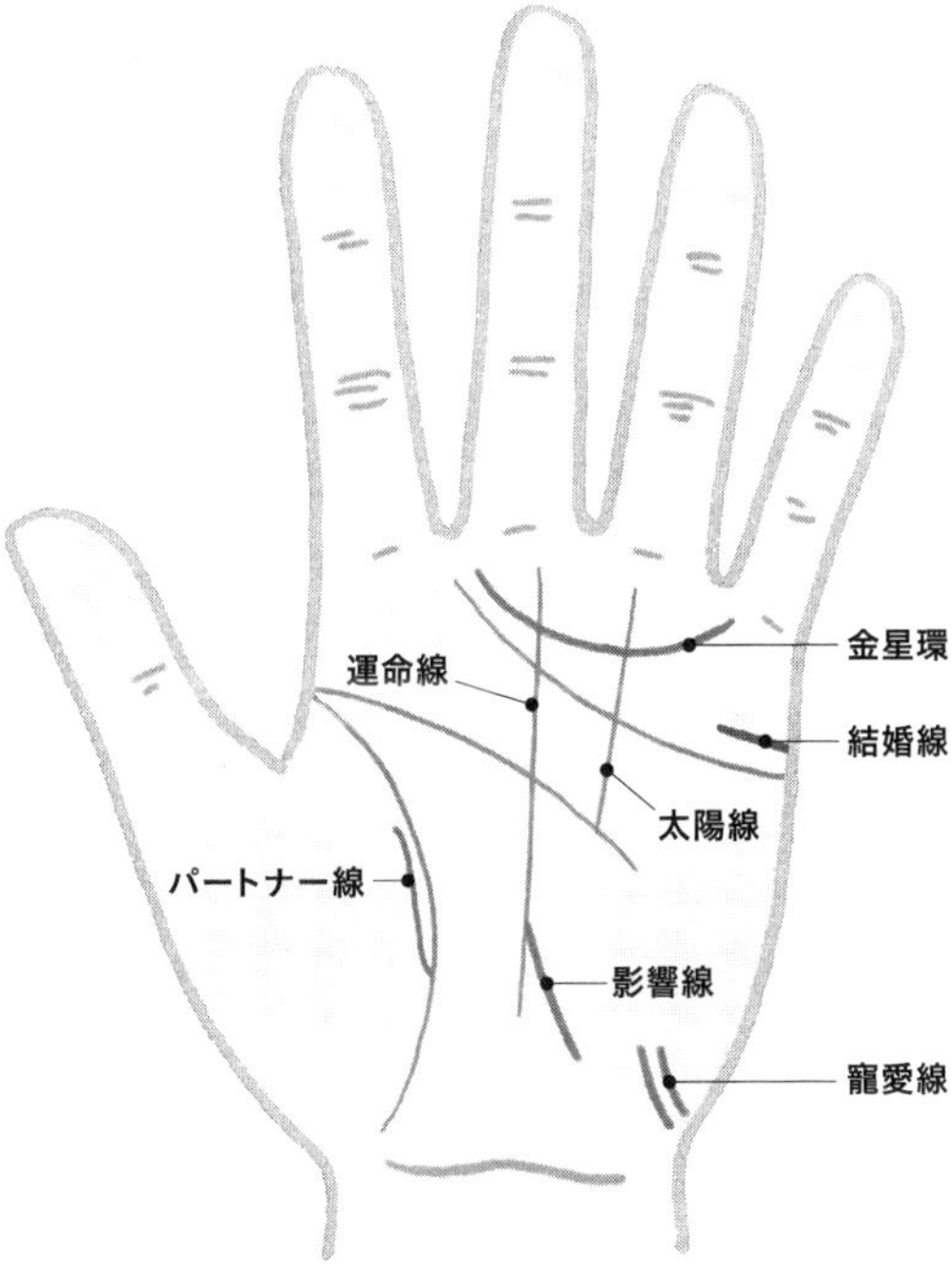

＊1　パートナー線
生命線、運命線、太陽線などの各線1～2ミリのところに現れる線。特に生命線のパートナー線の様子にはその恋がたどる運命が刻まれています。合流するのが成就のサイン。結ばれる時期は生命線の「年齢の読み方」（31ページ）を参考にしてください。

＊2　影響線
運命線の左右斜め下から立ち上る線。人生における重要な出会いを暗示しています。親指側から合流すれば仲間内から、小指側からなら未知の世界の人との縁。運命線を突き抜ける場合は成就しない恋と推測。時期は運命線の年齢で判断します（47ページ参照）。

手のひらが恋の到来を告げる時❷

ラッキーマーク

ドラマティックな恋の訪れは、手のひらや指や爪に、ラッキーマークとなって現れてきます。最初は目立たずひっそりと現れてきやすいのですが、恋の発展とともにあざやかに目立つようになっていきます。小さなサインを見つけたら、そのサインをお守りのようにして大切に育てていってください。恋が始まっても、焦りや興奮が高まり身勝手に先走りしていくようなら、せっかくのサインにもかげりが出てきてしまいがち。恋がお祭りのようになってしまったら、お祭りはいつまでも続いていくものではありません。安心し合える関係が、安心できる未来へとつながっていくのです。特別なマークだけが恋を暗示しているわけではなく、手のひらがほんわかとピンクに染まり、ハリや艶が出てくるだけでも、嬉しい恋の到来近しというサインになります。

薬指の爪に白い星が出る

輪郭のハッキリした小さく白い星は結婚に発展する運命の出会いの前兆です。すでにカップルなら結婚まで秒読み。結婚後も幸せが待っています。

木星丘に＊が現れる

人さし指下に位置する希望の丘・木星丘に出現する＊印は、恋の願いが叶う時期が来たと見てOK。このしるしをお守り代わりにさあアプローチを。

薬指にホクロができる

幸せな恋愛&結婚を表す吉相。今、恋人がいなくても安心して出会いを待っていましょう。素敵な恋愛と結婚を期待して、毎日を余裕で楽しんでいて。

太陽線の下に五芒星が出現

太陽線と頭脳線を一部に持つ、一筆書きの星印は、人生を大きく変える大恋愛に恵まれるサインです。恋人がいるなら、二人で将来大開運の予感。

月丘に渦巻きが現れる

イメージの丘に現れる渦巻きは、心が喜び、活気を帯びている時に現れるサイン。恋を惹きつけたり、魅力を表現するエネルギーも満タンのしるし。

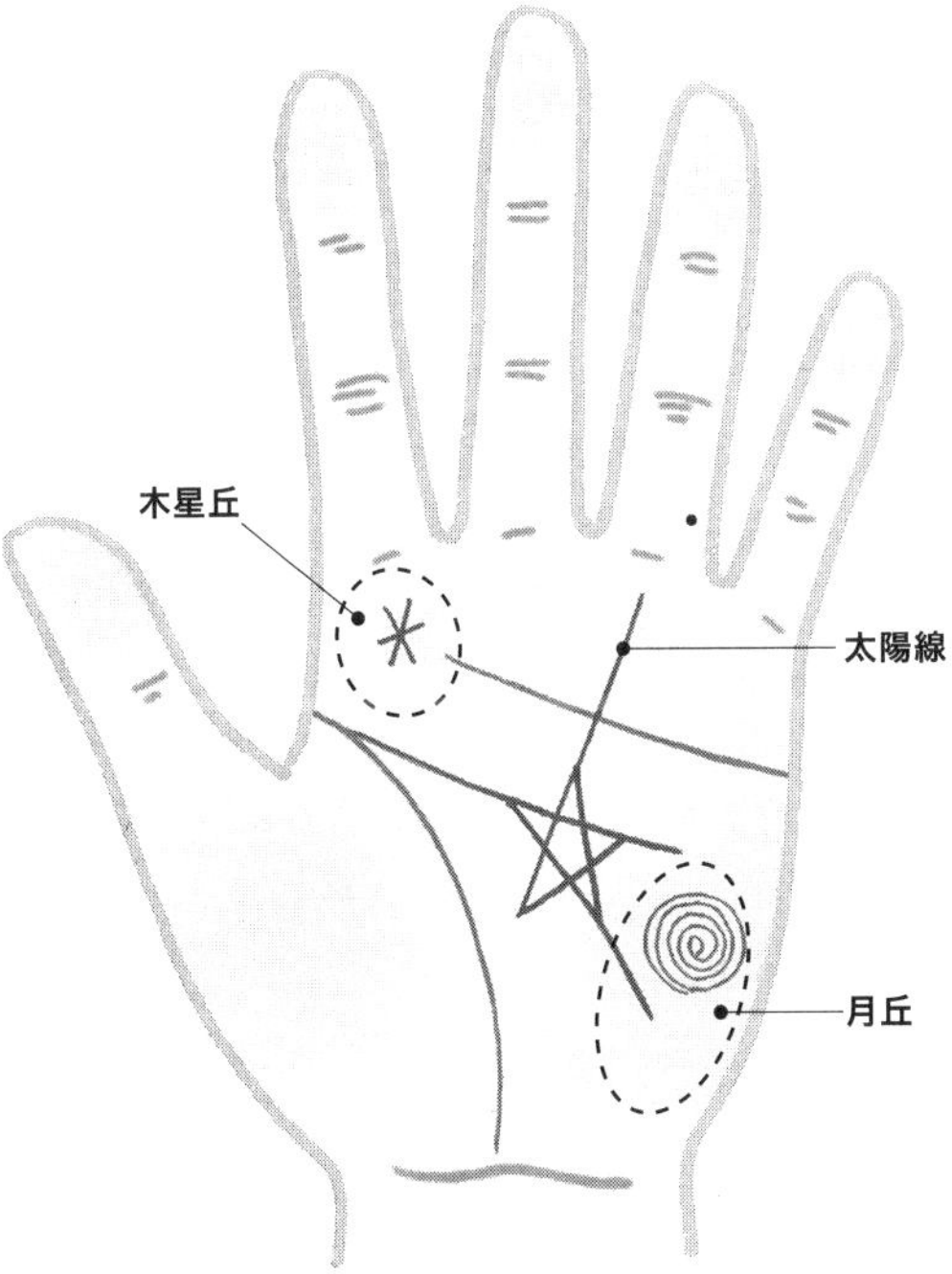

恋には準備期間も必要です

どうせだったら、良い恋をしましょう。恋は本来心を優しく強くしていってくれるものです。恋にはひとつ『同レベルの法則』というものがあって、年齢や社会的地位などに関係なく、人間としてどのくらい成長しているか、どんな未来を受け入れるだけの器の持ち主であるかなど、同じくらいの力を持つ者同士が惹かれ合い、お互いを支え合って共に生きていくことができるのです。

さて、今のあなたの成長度はどれくらい？　まだ自信がないのなら恋から自信を得ようとするのではなく、まずあなたの魅力を高めていくべきです。好きな人が素晴らしい人だと憧れられるのなら、相手の素晴らしさに似合った自分をつくり上げていきましょう。今は高望みであったとしても、いつしか共鳴し合えるお似合いの恋人同士になっていけるのかもしれません。

金星環が赤みを帯びる

乱れた金星環が赤みを帯びている時は、恋を強く求め過ぎて焦り、恋の副作用で大混乱の証し。

感情線が頭脳線を突き抜ける

感情線から下降し、頭脳線を突き抜けているのは大失恋の暗示。強い執着が敬遠される原因に。

パートナー線が離れていく

離れていくパートナー線は、諸問題でこの先、お互いの気持ちが冷めていくことを暗示。

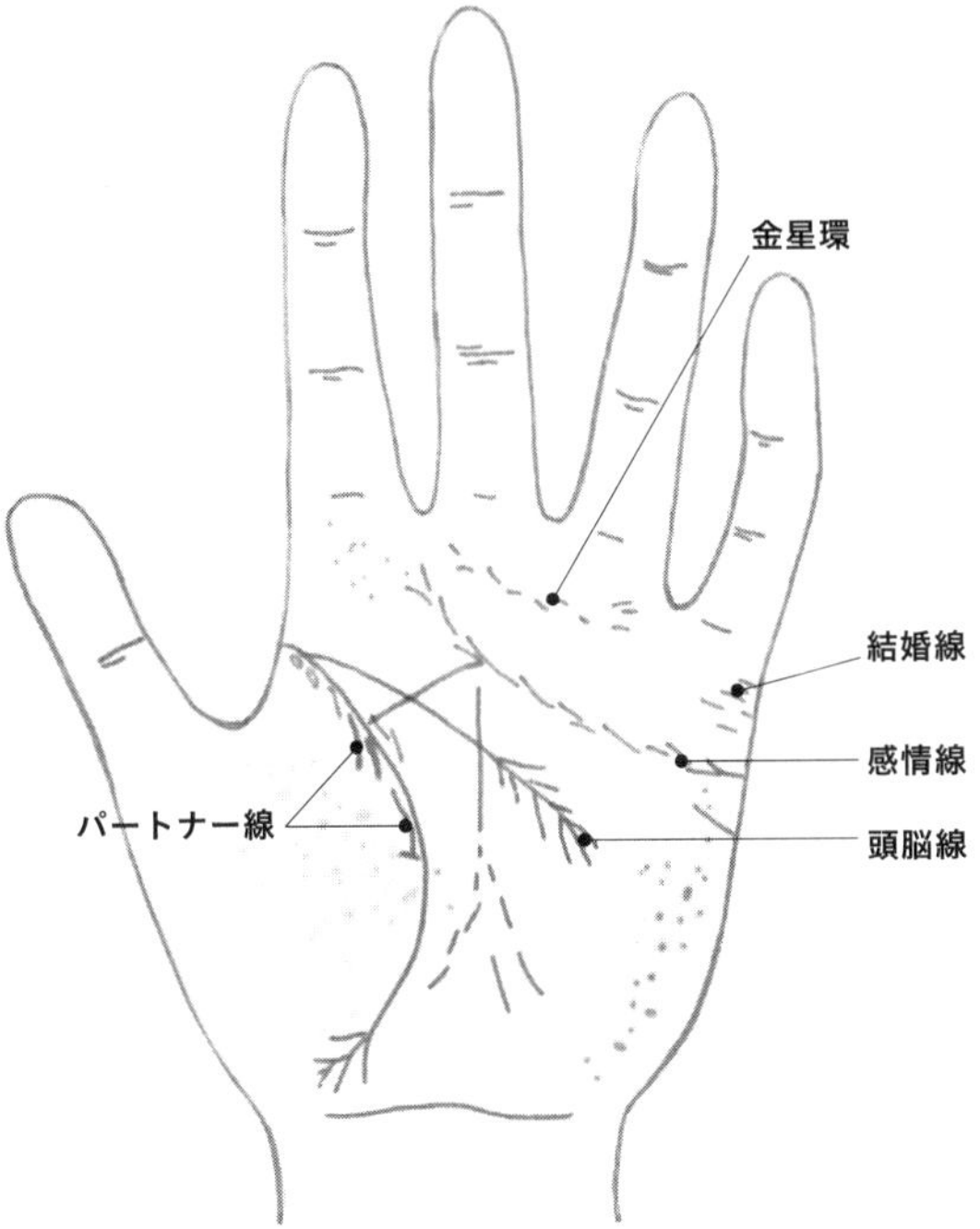

障害線でパートナー線が止まる

障害線で止まるパートナー線は、親の反対など外部的な原因を乗り越えられない可能性が。

太陽線が出ていない

太陽線が出ていないか、薄い場合は、不安が強く、今の恋を心から喜べていない状態を示す。

ハッキリした結婚線がない

まだ運命の人に出会えていないか、婚期が来ていない状態。今の恋も自然消滅する可能性が。

感情線が乱れている

感情線の乱れは感情の起伏が激しく、相手も自分も疲れ果てている状態。冷静さと安心感を身につける必要が。

ハッキリしない頭脳線

他人の意見に左右され、正しい判断ができない状態。無理ある決断は無理ある未来に結びついていってしまいがち。

essay 約束

私の友達の夫はとにかく素敵で、ユーモアがあって優しく、才能とカリスマ性を兼ね備え、ものすごくカッコ良くてそれでいて天然に可愛らしい。よって、ものすごくモテる。彼に会った人は誰もが一度は恋してしまうのではないかと思うくらいにモテモテなのだ。

そんな夫を持つ友人はかつてタイヘンな時期を経験したこともあるようだけど、今はとっても平和な顔をして過ごしている。それは二人の間に新しい約束が交わされたからで、その約束とは「浮気になる前に報告してね」というものである。これは良い！これは友人がみいだした素晴らしい二人の約束だ。

私も次の恋が来たらこの約束は取り交わしたい。だって恋ってストレスもともなってタイヘンなんだもん。

約束はしたい。約束が満たされた時はとても嬉しい。約束を強要されたらすごくキュウクツ。キュウクツから解放された時、安心という自由が待っている。

essay

テレビの中の恋人

香取慎吾さんという人がいて、その人が私の今の、テレビの中の恋人だ。私は一人の部屋から彼に手を振り、時にはブラウン管に頬寄せて静電気にパチンって弾かれる。馬鹿だなあって思う。でもそんな馬鹿な自分が嬉しい。もしも彼がいなければ、ここ数年来のテレビは私にとって、もっと味気ないものであったと思う。

「好きな人さえいないんです」と表情筋の衰えた顔をして嘆いている人がいる。遠い世界の憧れの人でもいい。ミュージシャンでもスポーツ選手でもタレントさんでも、テレビの外からでも興味を持って熱く応援できるようになったら、それだってひとつの恋。片想いでもファン意識でも心に嬉しく響くなら、それも恋です。ミーハーって言われたっていいじゃないですか。人の心を輝かせるために「スター」というお仕事をしてくださっている人たちがいるのです。スターの方々に迷惑をかけぬよう気をつけながら、リアルじゃなくても恋ができたら、表情筋にももっと輝きが出ていくはずですよ、おすすめします。

恋の傾向を知り、未来に備えましょう

恋の傾向は、その人の物の考え方や心の状態とリンクしています。例えば、おおらかな人はおおらかな恋をする…といったように。恋愛傾向を知る手段は複数ありますが、ここでは、心模様が表れる感情線と、持てる魅力を示す太陽線の組み合わせで判断していきましょう。複数に当てはまる場合は、一番近い印象のものでチェックしてください。しっかり心に響き合う、運命の出会いをつかみ、安心の関係を築くための手がかりにしていきましょう。

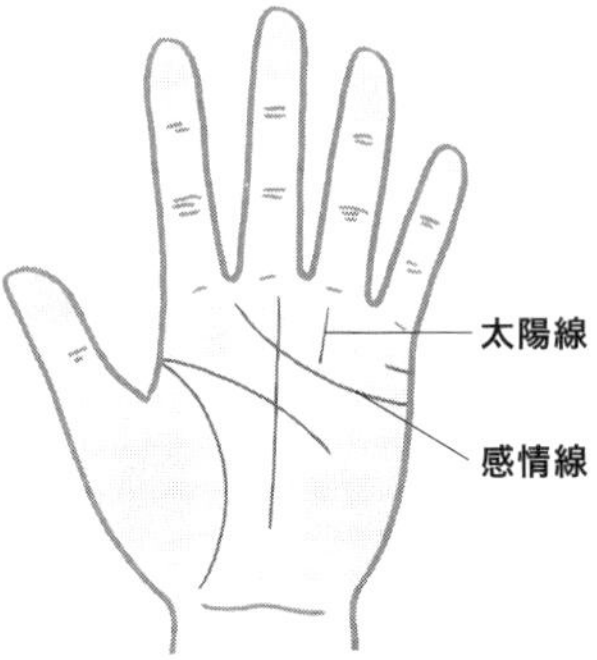

check 1

まずは感情線のタイプを観ていきましょう。

A たおやかな弧を描いて流れる

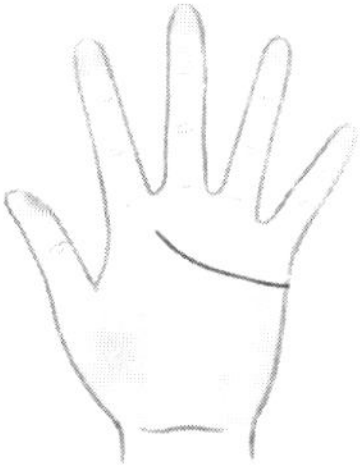

多くのものを受け止められる心の器がある人。心の風通しが良く、動じにくい。余裕のある恋が可能。

B 先端が指の付け根に届く

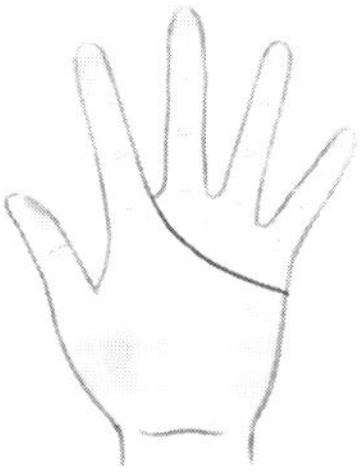

秘密主義で心の内を明かさない人。恋をしても二人の世界に閉じこもり、秘めた恋をしがち。

C 感情線の上下に太い枝がある

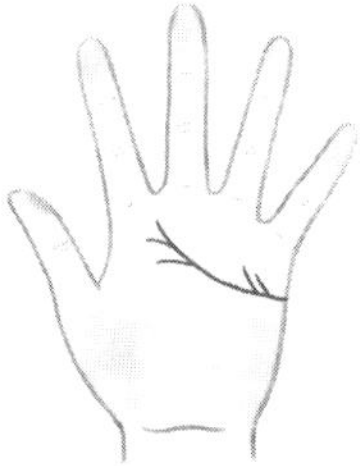

感受性が強い人。上側は感情を発散する力、下側は受け入れる力。豊かな感情表現をともなう。

D 細く切れ切れかチェーン状

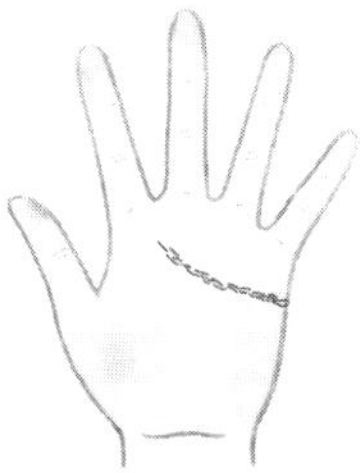

自分に自信がない人。気を使うあまり、感情をため込みがち。意中の人の前でも素直になりにくい。

check 2

次に太陽線のタイプを観てみましょう。

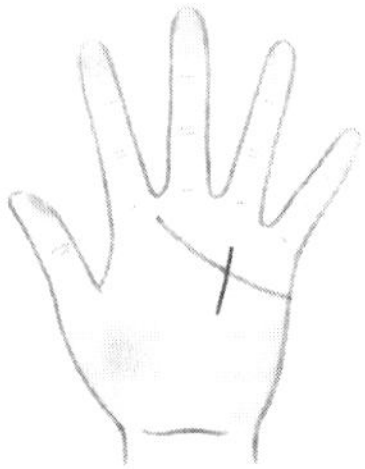

1 1本クッキリ立ち昇っている

太陽のように明るく、光り輝く魅力がある人。スター性を備え、人を華やいだ気持ちにさせる力を持つ。

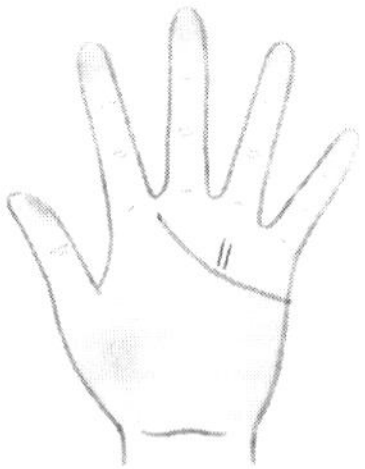

2 線が現れていないか、まだ薄い

今の自分に自信がなく、本来の魅力を発揮しきれていない人。懸命にアピールしてもインパクトは弱め。

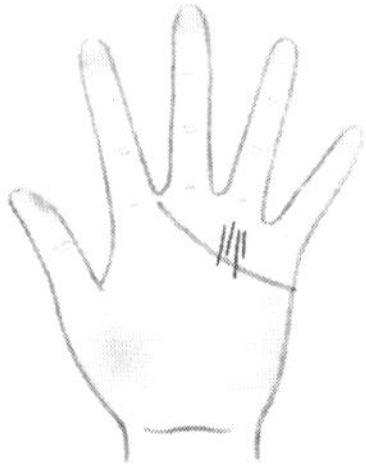

3 複数の線が立ち昇っている

目立った存在ではないものの、持ち前の朗らかさで周囲の皆に愛される人。地域やクラスの人気者。

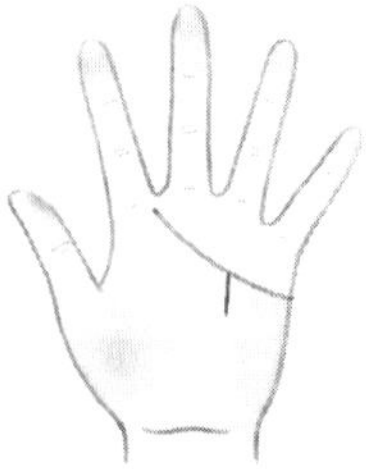

4 感情線で止まっている

心のあり方が障害となり、誤解を生んだり、魅力を発揮できないでいる人。自分を変えることが課題。

A×1

愛する人に愛され、共に幸せになる相

持ち前のおおらかさで、一緒にいる人を明るく穏やかな気持ちにしていきます。求めずとも多くの異性が集まってくる人。心に強さと余裕があるので、近づいてくる相手も等しく力があり自信に満ちあふれているはず。愛する力も十分に。注意するべきことを挙げるなら、健康的過ぎて少々情緒に欠ける面がある点かも。しかし、なんといっても幸せ行きの手相。求婚され、心から〝嬉しい！〟と喜べたなら、その人と結婚して吉。

A×2

自分を好きになることが恋をつかむ近道

本来の魅力を発揮しきれていないため、いまひとつ自分に自信が持てず、好きな人がいても前に進めなかったり、誰かの好意を感じても気づかぬふりをしたりしてしまいます。人に喜ばれること、愛されることに前向きになり〝私は大丈夫〟という手ごたえを得られるようになれば、アピール力もつき、恋に積極的になるでしょう。魅力が育ち、太陽線がクッキリ現れるまでは、恋や結婚に焦らず、自分の長所を磨いていく努力を。

A×3

モテモテだけど運命の出会いは少し先

決して派手ではないけれど、キラキラとした輝きを持ち、職場やクラスの皆に愛されている人。モテる反面〝誰かのスペシャル〟になりにくい傾向もあります。でも、その時々の心のテンションに応じた相手がそばにいて充実しているはず。多くの人に愛される自分に自信を持って、必ず訪れる運命の出会いを楽しみに待っていましょう。複数ある太陽線のうち、1本が際立ってきたら、本命登場のサインだと思ってOKです。

A×4

健康的な明るさが恋の足かせに

いつも明るく、なんら欠点はないのに、出会う異性はなぜか皆ただの友達になってしまいがち。その原因は、あまりに健康的で色気に欠ける点にあるようです。相手にミステリアスさやエロティシズムを求める恋心、恋の機微を受け止めるには、まだ少々青いのかも。恋は、心と心を響かせ合い、共鳴する余韻を楽しむものだと意識し、ムードを大切にすれば、太陽線が感情線を突き抜け、ロマンティックな恋を手に入れられるはずです。

B×1

二人の世界を密かに楽しむ関係に

孤独を好み、自分の心の世界を大切にする人。決して〝恋をしたい〟と騒いだりしないけれど、その神秘性に魅かれる異性は少なくありません。誰彼構わず好きになるタイプではなく、また相性の良し悪しがハッキリわかるので〝この人こそ！〟と思える人と出会う日を自然体で待っていればＯＫ。そう思えた相手なら受け止めあうことができるはずです。恋人関係になっても、すぐには公言せず、秘密めいた恋を大切にしていきます。

B×2

恋の窓口を開放できていない状態

心のカーテンを閉ざしたまま、窓の外を見ようとしていない人。自信のなさから、恋を怖がっている状態。自分に好意を示してくれる相手がいても、それを喜べない時もあります。まずは片想いでも、誰かを想う気持ちを育てること。好きな人に認められたいという気持ちから、自分を開放することができるようになるかも。今、好きな人がいるなら、焦って告白しようとせず、秘めた想いで向上心を大切に育てていきましょう。

B×3

真に心が響き合う相手を探す時期

ほどほどにモテ、人気があるので、安心して一人の時間を楽しめている人。心の平安を重んじ、個の世界を大切にするため、自分を支配しようとする恋は苦手。ただ、社会との関係を良好に保つバランス感覚は十分にあるので、異性からのアプローチは多め。今、強い結婚願望がないなら、広く浅くの恋愛関係を楽しんで問題ありません。チャンスは続々やってきます。本当に心が響き合う人に出会うまで、心の声に素直に従ってください。

B×4

頑なさが恋の邪魔をしている模様

好き嫌いがハッキリしていて、好みのタイプでなければ心を動かさない人。さらに本来の明るさを表に出せていない分、気難しい印象を与えてしまいがち。今は自分の世界を守ろうとしていて、具体的な恋の展開を求めていないようです。恋人がいたとしても、どこか頑なで、心から喜べていないのでは？　今は、自分探しの時で、恋を育む時期ではないのかもしれません。明るく素直な自分に早く出会うことが、この相の課題です。

C×1

恋によってお互いがパワーアップ

喜怒哀楽がハッキリしていて、接する人の感情に豊かな刺激を与えられる人。皆を楽しい気持ちにさせる人気者なので、声をかけてくるのは、スター性のある人ばかり。華やかで笑い声が絶えない、人気者同士のカップルになります。楽しみ合い、愛し合い、喜び合い…恋によって輝き、お互いにパワーアップしていきます。よほどの相手でなければ響き合わないので、今、恋人がいなくても心配無用。高望みして待っていてOKです。

C×2

面白がられるだけで終わりがち

アピールの強さが空回りして、恋に発展させにくい人。今の明るさは寂しさや自信のなさをカムフラージュするためのもの。真の魅力は態度ではなく、内側からにじみ出てくるものだと知ることが大切です。外へ放出しているエネルギーを内省することに向け、心の声に耳を澄ますこと。気分が乗らない時は静かに一人の時間を持ち、寂しさと向き合う勇気を持ちましょう。いつしかそこから生まれた落ち着きに魅かれる誰かが出現します。

C×3

誘えば乗ってくる異性は多いけれど…

どこへ行っても人気者。誰とでも打ち解けられる才能の持ち主。皆の笑顔や親切から、大きな自信をもらっているはず。明るく華やかな存在だけど、恋では少々、照れやさん。誘えば乗ってくれる相手はたくさんいるものの、〝特別な存在〟になりにくいようです。ただ、No.1を望まなければ、いつでも恋を始められる人。今は人間関係を広げていく時だという余裕を持って、運命の出会いを待っていて良いでしょう。

C×4

過剰なサービス精神がアダになって

人が良く、周囲を楽しませようとするサービス精神にあふれているけれど、強過ぎるアピールを敬遠する人も多数。誰もが一緒にいてホッとできて、甘えられる相手を求めているもの。意中の人がいるなら、その人が疲れている時は、そっとしておいてあげるなど、心情をおもんぱかる心がけを。相手の求めているものを察し、与えることができる力＝本当の優しさが身についた時には恋のスタートラインに立てるはずです。

D×1

危なっかしさで守護本能をくすぐる人

どこか危なげではかない印象から、異性に〝自分が守ってあげなくては〟と思わせるタイプ。アピールしなくとも何かと構われモテるため、同性からの嫉妬を買いやすいようです。〝この人を幸せにしたい！〟という暖かな縁で幸せになりますが、甘えているばかりの恋は短命に。愛されている実感を自信に変え、成長していくことが課題です。自信が芽生え、喜びを感じ取る余裕が生まれたら、ますます輝く存在になるでしょう。

D×2

恋の副作用でヘトヘトになる恐れあり

神経質でキレやすく、恋愛に対してせっかちな傾向があります。一日電話がないだけで不安になったり、他の異性としゃべっているだけで嫉妬したり。独占欲や猜疑心など恋の副作用で疲弊してしまうタイプ。口うるさく、笑顔のない態度は相手を疲れさせるだけ。はすから物を見るクセもマイナス。前髪で顔を隠したりせず、まっすぐ目を見て話す練習、想いを言葉にするレッスンで、恋を謳歌する心の筋肉をつけていきましょう。

D×3

魅力はあるのに一夜の恋を重ねる人

そこそこの魅力はあるものの〝自分〟を持っていないため、スキのある人物に見られやすいタイプです。目の前の寂しさを埋めようと、どんな恋も受け入れてしまうため、体よく扱われたり、一夜の恋で終わることも。毎回〝この人とつき合えば何かが見えるかも〟と思って臨みますが、実りある恋には発展しません。とりあえずの心しかない時は、とりあえずの相手しか現れないものと肝に銘じ、自分の欲望に責任を持つことが大切です。

D×4

出会いを求める前に弱点の克服を

自信のなさを自覚しているものの、原因を見つけようとしないため、恋の吸引力が落ちる一方です。欠点や弱点と向き合い、それを克服しよう、自分を変えようという勇気を持つことが大事です。それが出会いを呼び込む第一歩。人に愛されたい、人に喜んでもらいたい、自分を好きになりたい等々、心からわき上がる夢や希望を大切にしていくと、感情線が育ち始め、その頃には恋心や相手を受け止める心の筋肉がついてくるはずです。

結婚線から未来を予測してみましょう

小指の付け根と感情線の間に、手のひらの側面から横に流れているのが結婚線です。1本だから一度、2本だから二度と、本数と結婚回数を合わせて考えがちですが、入籍をしなくても結婚に匹敵するほど強いインパクトのある恋愛の履歴なら結婚線として刻まれることがあります。2本の結婚線を持つのが標準的で、複数の結婚線を持っていても一度も結婚しない人もいます。

人によって結婚にも向き不向きや、それぞれに適した時期やタイミングがあります。結婚に対する心身や環境の準備が整い、お互いの愛情確認ができて喜びに満ちてくると、結婚線はほんのり赤みを帯びて一本が際立ってクッキリと伸びていきます。

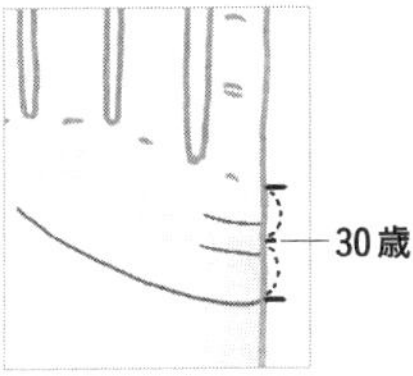

〈年齢の読み方〉
小指の付け根と感情線の真ん中を30歳としておおよその婚期を推測。感情線に近いほど早く、指の付け根に近いほど晩婚。目立った線が感情線側なら早婚と判断します。

下降する結婚線が複数刻まれている

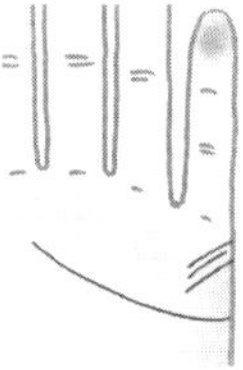

性格の欠点を自覚し過ぎているため結婚に踏み切れないタイプ。好きな人がいても「別れが来た時つらすぎる」などと先走り、怖気づいてしまう。結果、二番手止まりに。最初から無理だと決めつけない、簡単にあきらめないことが結婚への自信を養う第一歩。

感情線と指の付け根の真ん中に1本

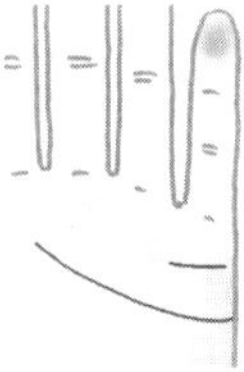

ある程度社会を知り、自分を豊かに成長させた後に「この人だ！」という相手と出会い、結ばれる。ただし、本命以外との恋は実りにくい傾向が。現在の恋人が運命の人だと思うのに、線が今の年齢よりも上にある場合は、結婚までには時間を要すると思って。

出発点と先端が2つに分かれている

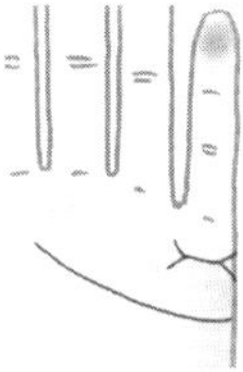

「この人じゃないのかも」と疑問を抱きながら結婚し、やっぱり違ったと離婚してしまう暗示。現在の恋人と結婚を考えていて、もし周囲からの反対や不安材料があるならば、結婚はそれらを解消してからにすること。準備不足での結婚は破綻のもとになりがち。

まっすぐな結婚線を障害線が分断

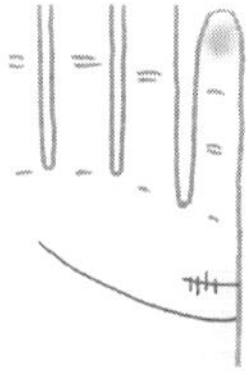

縁は強いものの、生活を共にすると亀裂や摩擦が生じやすいという暗示。結婚相手の性格ではなく条件で決めてしまうと、その危険性は大に。現在、仲が良くても、結婚するとすれ違いやケンカが増える予感。共に暮らすには我慢や譲歩も必要だとも学ぶべき。

極端に短く、上向きの結婚線

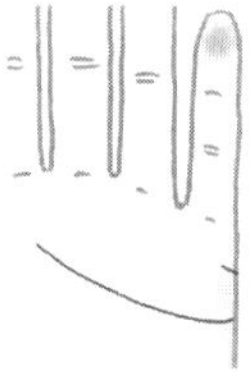

何かと白黒つけたがるタイプ。結婚できない相手には見向きもしない。同棲なんてもってのほか。せっかちなので一度目は早婚になりやすい。結婚後、嫉妬深さや独占欲の強さに、相手が疲弊する恐れあり。結婚だけをゴールと思わず、ゆっくり愛を育む余裕を。

複数ある結婚線のうち1本が濃い

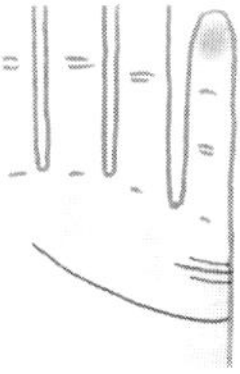

いくつかの大恋愛を経て、幸せな結婚をするサイン。結婚線の数は婚姻の数ではなく、結婚に値するような恋愛の数と考えて。濃い線のある年齢がいわゆる年貢の納め時。その年齢に達していない場合は、結婚にとらわれず、訪れた恋愛を謳歌しましょう。

線の先端が二股に分かれている

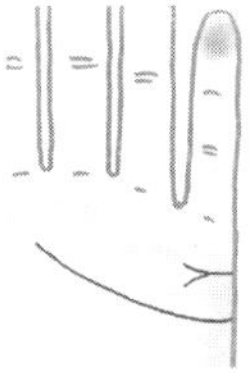

最初は大いに盛り上がるものの、生活を共にすると次第に冷める…という結婚を暗示。心が離れたまま寂しい結婚生活や同棲を続けるより、前向きな別居を選んだ方がお互いのため。同棲中なら一度解消してみても。

結婚線が金星環とつながる

いわゆる玉の輿の相。社会的地位が高く、皆から尊敬される相手と結ばれていく可能性を暗示。その人との結婚により、これまで眠っていた才能が開花するなど、ドラマティックな人生に発展。勇気を持って受け入れて大丈夫。

直線的な結婚線が弧を描いて上昇

結婚によって精神的な自由や安心を得、社会的に活躍する人。エネルギーに満ちた人なので、家庭に押し込められると力を持て余し、教育ママやパパになるなどマイナスの作用も。結婚後も存分に仕事を続け、家庭はやすらぎの場とするくらいが理想。

結婚線の先端が房状に分かれている

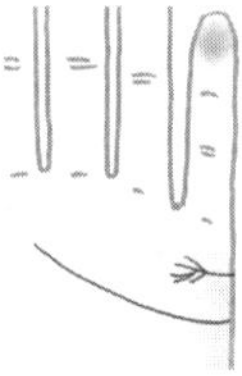

早い時期に結婚への意味を見出せなくなり、結婚を破綻させてしまうタイプ。冷め切っているのに、経済的な理由などで別れられない…という人も。「結婚は契約」と割り切るなら子供は作らない方が賢明。現在、恋愛中でも結婚は望んでいないのでは？

結婚線が下降している

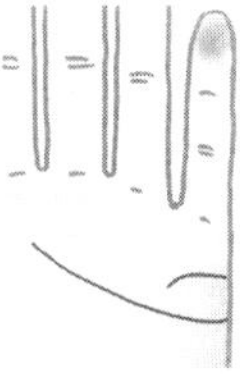

結婚に対する苦手意識やトラウマがある証し。結婚してもネガティブな思いが災いして破綻する可能性も。恋人がいるなら、結婚を視野に入れない方が今は幸せに過ごせるはず。結婚を望むなら、何に抵抗を感じているのかを自己分析して、克服する必要が。

上か下に並行する線を持つ結婚線

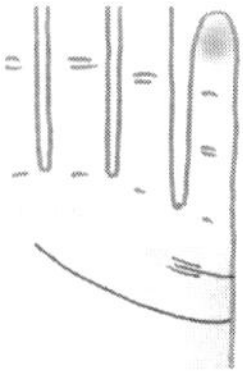

結婚線の上を流れる線がある場合、結婚後、自分に愛人ができて三角関係になる暗示。下にある場合は伴侶に愛人ができる暗示。夫婦としての立場、経済的理由など、離婚のリスクは多いけど、苦しみが勝るようなら心の声に耳を澄ませ、純愛重視の英断も。

線が薄く、先端が縦に入る線で止まる

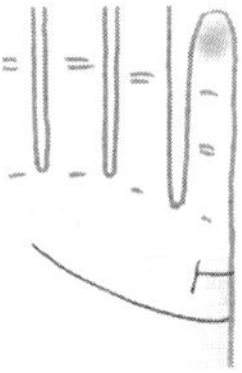

まだ婚期に来ていないか、結婚を前向きに考えられない状況。親の反対、遠距離、失業など外的要因や自信のなさがその原因。いずれにせよ、結婚には時期尚早。心と環境の準備が整えば縦の線は薄くなり、意欲的に結婚を喜べる状態に。

出発点が離れた2本の線がつながる

年齢差、親の反対、距離、国籍等々、さまざまな問題を克服し、幸せな結婚をしていく相。時間を重ねるごとにお互いへの理解を深めていける。つながった線の先端がきれいに伸びているなら、現在、なんらかの障害があっても、焦らず二人の愛を育てていって。

結婚線から上向きの短い線が複数本

愛する人を引っ張っていく力はあるものの、せっかちな性格と強い物言いで相手を消耗させる傾向が。結婚後は相手の言い分には耳をかさないなどという身勝手さで、両方の運気を下げてしまいそう。パートナーは癒しややすらぎを求めているものだと心得て。

1本の結婚線の途中に島がある

結婚後、深刻な倦怠期が訪れる予感。線に現れる島は、気の滞りを示すもの。迷いが生じた時、問題に直面した時は、恐れず直視し、二人で解決していくこと。まだ結婚前なら、小さな疑問や不安にも、きちんと対峙する勇気を持っていきましょう。

essay

離婚率を上げているもの

離婚は結婚以上のエネルギーを消費する。涙と苦しみと執着とあきらめと敗北感、笑顔での離婚に出合うことは本当に稀、ここテソーミルームにおいて、結婚問題と離婚問題のご相談は、ちょうど半分半分くらいかな。離婚の要因となっていると思われることの大半がこれから書くいくつかのこと。

○やはりトップは、どちらかの浮気。浮気相手を結婚相手以上に本気で好きになった時、次の結婚に向けての準備として離婚問題が勃発する。

○次は「まっ、いいか」で結婚した人。もうこの年だから、周りが結婚していくから、親を安心させたいから、自分を大切にしてくれそうだから、とりあえず好きだから。こういう人たちはどこか「結婚すれば夫として妻として大切にしていけるんじゃないか、愛せるんじゃないか」と愛情の確認を結婚式後に託そうとしているような気がする。こんな二人は次にはこう考える。「子供ができればもっと夫婦らしくなれるのではないか」「2人目ができればもっと夫婦としてのカクゴができるのではないか」。こうしていつしか月日は巡り、満たされないまま寂しい顔して離婚のための理由を、それぞれがそれぞれの中で探し始めていく。

○それに続くのはできちゃった婚の人かな？　なぜちゃんと避妊しないんだろう？　夫婦の準備ができない前に子供が授かり、女性は天性の母性本能で、男性は責任感という美学らしきものを持って子育てに向けて結婚するというパターンが多い。その時は周辺のいかなる反対があろうともラブラブに燃えているから無理をしてでも入籍を選択するのだろうけれど、ただ、その後が大変だ。セックスに対する欲望と、結婚に向けての精神的物理的な準備は別々に働く場合がとっても多い。

○条件重視で結婚を決める人。年収は？　職業は？　年齢は？　長男？　親と同居？　マスオさんになってくれる？　愛し合う前に条件を出して結婚を決めようとしている人にもたくさん出会う。物理的な条件以上にもっとものすごく大切なことがあることに、華やかな結婚式の後気がついたカップルは、性格の不一致というシンプルな理由で、法的な手続きを取り離婚していくという傾向がある。そしてまた、条件を増やして次の結婚を探し始めるのだ、バツイチでもいい？　今度はちゃんと愛してくれる？

そう、愛し合ってから結婚しましょう。

essay

29歳のユウウツ

ここテソーミルームには下は0歳児から上は80歳以上の方まで老若男女さまざまな年齢の方が来てくださる。大半は20~50歳くらいまでの女性なのだけれど、その中でも際立って多いのが29歳。なんと約1割のご相談者が29歳の女性なのだ。

30までに何か確かなものをつかんでおきたかった、それが結婚でも仕事でも趣味でも社会的な立場でも、私はこれを持ってこれからを生きていくんだという安心安定のようなものを確立していたかった、なのにそれも得られないまま29歳になり、もうすぐ30歳になろうとしている。焦りや戸惑いや不安感、私もそんな気分での三十路越えを経験したので、彼女たちのお気持ちは、とってもよくわかります。

なんだかもう、30過ぎたら若くないというヘンな幻想もあったりするのですよね。生鮮食品売り場には置いてもらえなくなるようなそんな気持ちと言ったらいいんでしょうか。たしかに男の人たちから声をかけられる回数は減ってくるかもしれないけど、いま、男の人も数よりも質ですし、素晴らしい恋愛において、モテるモテないというのはいっさい年齢には関係ありません。出会うべき時には、ちゃんと出会うべき人と巡りあえるのだから、ひたすらに魅力のオーラを磨きつつその時に備えていれば良いのです。そして、29歳がいかにまだ若いかを認識することです。たしかにお肌の水分量とか減ってきているかもしれないけど、これから先の人生において、今よりも若くなることはないのです。35になり40になり50になり還暦を迎え70にも80にもなっていく。30なんてまだまだ若い！　そして、年齢には2通りあるのです。実年齢と魂年齢。考え方や感じ方が魂年齢を決定していきます。中学生でもおばちゃんみたいになっている子もいれば、50を過ぎても少女のような人もいる。魂年齢は人それぞれ、年齢を気にしているようではますます心が老けていくだけのことです。

20歳を越えようとする頃は、あんなにワクワク楽しみであったのに、たった10年でこんなに心理的に変化をするとは…。29歳の不安を聞いている時に時々思い出すことがある。それは1999年から2000年にかけての世紀末の時。人類が滅亡するんじゃないかとか、ノストラダムスの大予言とかブームになっていましたね。結局は21世紀になっただけで社会も自分もあまり変わらず、この変わらなかったなあという感覚は、30歳を過ぎた人ならニンマリと理解できるはずです。

年齢というただの数字にこだわらず心を自由に弾けて生きていきましょう。

essay

プリプリベイビー

♡原百世ちゃんという女の子に出会えなければ、私はあんまり子供好きという人生を送れなかったかもしれない。どちらかというと人間の子供よりも犬や猫やお猿さんといった動物たちに強い愛情を感じるタイプで、ずっと猫たちと生活ができていたので、自分の子供を産みたいとはほとんど思わないできてしまった。

ももちゃんと初めて会ったのは、まだ名前も付いていなかった生後2日目の産院だった。そう、正確に言うと、彼女のことは、まだ受精卵になるかならないかの頃から知っていた。ももちゃんのおとうさんとお母さんの手におそろいで、もうすぐ素晴らしい女の子に恵まれるというサインが現れていたから。手相の暗示はしばらくしてお母さんのお腹のふくらみに現れてきた。ももちゃんはずっと、子供というものがいかに可愛らしく無条件にいとおしく、心をポカポカ暖かくしてくれるものかを、たっぷりと教え続け、子育ての経験のない私にも、子供の成長をまぶしく見守っていくという喜びを分け与えてくれている。

ああ、思い出すわ、産まれたてのあの赤く小さな泣き顔、細い細い足で歩き始めた頃、乳離れも遅かったなあ、一人でトイレができた時は大きな拍手を送ったなあ、とってもシャイな内弁慶ですぐにおとうさんやお母さんにしがみついてた。卒園式の途中では扁桃腺が腫れて熱を出したね。バレエの発表会では子猫の衣装が可愛かった。セーラームーンが好きでショーも見に行ったし、少し大きくなってからは二人してモーニング娘。や後藤真希ちゃんのコンサートにも行ったよね。親戚でもないのに小学校の卒業式にも参列してしまった。私はずっとももちゃんの追っかけ。メル友だし、ゲーム仲間、そして貴重な相談相手。人からの相談を受けることを仕事にしているのに、私はほとんど人に何かを相談するということがない。だけど、ももちゃんの前では素直になれて、心のうちを話せたり、うえ～～んって泣けちゃったこともある。どんなにせつない時があっても『ももちゃん』この呪文を唱えるとなんだか勇気がわいてくる。他人の子供でもこんなに可愛いのだから自分の子供なら…と、一瞬考えてみたりしたとしても、私には根本的に自我に対する尊厳のようなものが欠けているので、こんな可愛い子供は産めなかっただろうしこんなに良い子に育てられなかっただろうと思ってしまう。あ、こんなところでこんなこと書いてると言われちゃうかな、『マーコさんキモーイ』って、ｗｗｗ

子供運

小指って、「子指」という意味も持っています。小指と、その下の水星丘、小指の下の感情線の状態から、何かを生み出す親としての力を読み取っていきます。

右手には社会に向けて影響力を持つ作品や組織やアイディアといった、自分がいなければ残せなかった生産性や育成力が現れ、左手にはＤＮＡを未来へとつなぐ我が子との縁が暗示されています。いわゆる子供運は、主に左手で判断していきます。

ポイントとなるのは、まず小指の長さと形態。小指の先が薬指の第一関節に届くか、それ以上に長く、まっすぐで、小指と薬指をそろえた時にその間にすきまがないのが理想です。小指が短めの人はやや子供ができにくいという傾向はあるものの、子供は一人で生み出すものではないので、伴侶の小指が長く、親指の付け根の金星丘が大きくふくらんでいるようなら、伴侶の子供運に影響され、良き子供を授かる可能性が高くなります。

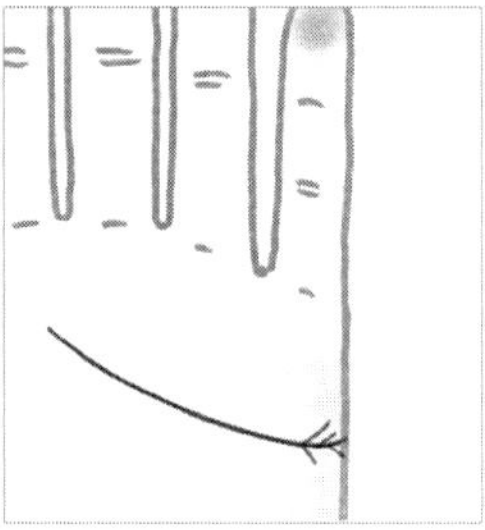

子供ができやすい時には、結婚線が赤みを帯びて目立ち、結婚線を突き抜けて小指に向かう細い線が直立して数本現れてきます。

小指の幅で真下に下ろした感情線の流れに現れるくの形の矢印でも子供運を占うことができます。

くの上の線が目立つようなら男の子、下の線が目立つようなら女の子が授かりやすい暗示です。バースコントロールの知識のない昔だったら、3本あるから3人、5本あるから5人ということになっていたのかもしれませんが、今は別。ハッキリと現れていても、現世では子供は求めず、その人のライフスタイルに応じた生き方をしている人たちもたくさんいます。

tenohira column

手のひら未来予報

essay

それぞれが個性的

人は皆それぞれに、気質体質というものを持っている。

夏が好きな人、冬の方が好きな人。嵐や稲光にウキウキする人、それを怖がる人。目立つことを好む人、苦手とする人。人ごみを好んだり行列に並ぶ人、それを避ける人。ジェットコースターやホラー映画の好きな人、大嫌いな人。それぞれの中に好き嫌いや、得意や苦手があって、それが個性という持ち味を創り上げている。

「類友の法則」というか、気の合う人というのは、どこか共通する気質体質を持っている。相性ということでいうならば、似ている者同士の方が楽は楽な一面はあるものの、似過ぎている者同士は同時にライバル関係になっていきやすいという傾向も持つ。

手相において大雑把に気質を2通りの種類に分けるとするなら、生命線と頭脳線の起点が重なるノーマルタイプと、その2本が離れて出発するじゃじゃ馬タイプ。

重なっている人が約8割で、離れている人が約2割。この比率は、人間だけでなく、動物や鳥や魚や昆虫にも当てはまっている気がする。もしも羊やペンギンやサンマやアリに手相があるなら、彼等はノーマルタイプだろうし、猫やワシや石鯛やチョウチョの手相はじゃじゃ馬なタイプなんだと思う。

じゃじゃ馬の相の人は単独行動が好き。フリーランスで仕事をしている人には圧倒的に多い相です。スポーツでもチームプレーが重視される競技よりも、個人競技を好み、仮にサッカーの場合だとゴールキーパーが好きだったりする。基本的には行列には並ばないし、一般的な婚期というものにもこだわりにくい。

リクルートスーツを着ていくつもの就職試験を受ける人や、人気商品を買い求める人、一人旅が苦手だったり、おそろいのユニフォームを着てスタジアムに通う人の多くは、生命線と頭脳線が重なり合って流れているような気がします。

いろんな人たちがいるからこそ面白い。この世でただ一人として同じ手相を持つ人は絶対にいないのです。全員がみんな個性派で、オリジナルの人生とキャラクターの持ち主。

似ている面、異なる面を持ちながら、同じ時代の地球に生きている仲間同士、それぞれの個性や生き方を尊重しながら、仲良く共存していきたいものです。

(蛇足ですが私は、右手はじゃじゃ馬、左手はノーマルな手相です)

テソーミルーム社会生活指南

手のひらを眺めるだけで、何かがちょっと変わるかも？　今日は何を観ましょうか。

Q1 打ち解けて話せる友達がいません。職場（学校）でも疎外感を感じています。

どこか似た者同士だと打ち解けやすいですよね、趣味や価値観の合う仲間を見つけようとすることから友達の輪が広がっていきやすくなります。誰とでも話を合わせ仲良くなっていくという才能のある人もいますが、子供の頃から疎外感を感じて育ってきた人は、どうしても他人に心を開放することが難しくなってしまいがちです。

そんな人はまず、自分から無理をして話そうと努力をするよりも、聞き上手になるということを心がけていきましょう。ああ、この人はしっかりと自分の言葉に耳を傾けてくれているなということが伝われば、相手の方から打ち解けて話しかけてくれるようになるかもしれません。そして、心ある挨拶をするというレッスンを重ねていきましょう。「おはよう」「ありがとう」「お疲れさま」「お先に失礼します」、多くを語ろうとしなくても挨拶の中に心がこもっていれば、いつしかあなたにも暖かな挨拶が返ってくるようになるはずです。

感情線の先が指の付け根に届かず、その間が開いているほどオープンマインドの人です（A）。指の付け根に届いている人は孤独好き（B）。楽しみ上手な人は太陽線が目立ち（C）、喜び下手な人の太陽線は伸び悩んでいるかもしれません。

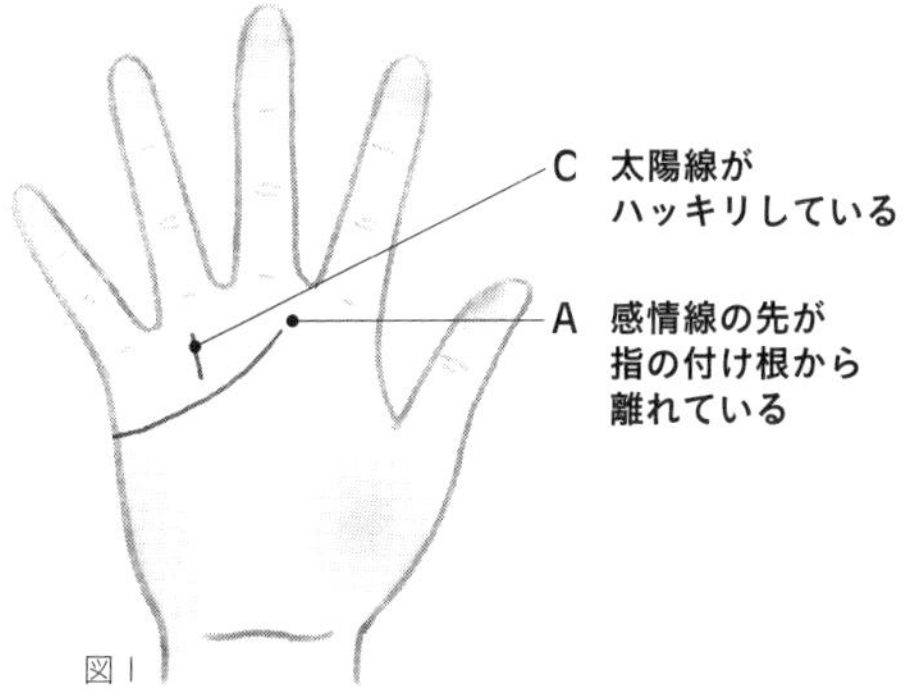

図1

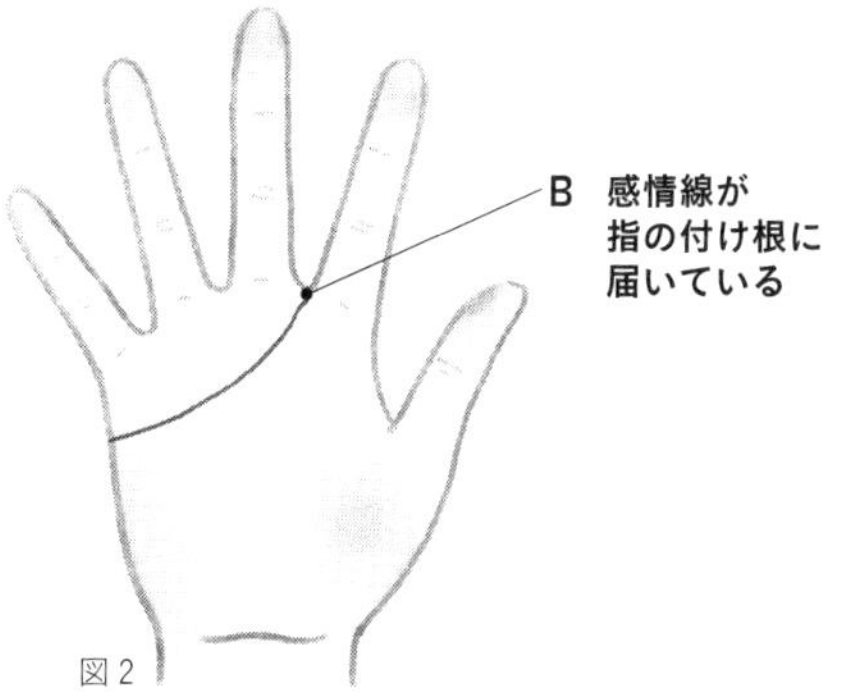

図2

Q2 ステップアップするために一度仕事を辞めて勉強したいと思っています。留学も視野に入れているのですが。

仕事をしていくなら、自分らしさが活かせて納得のいく評価が得られる仕事を目指したいものです。今の状況だけに物足りなさを感じ、ステップアップを計ろうとする前向きなやる気は歓迎すべきです。ステップアップのための頑張りの時、運命線は∧の形になっていきます。土台作りのための努力の山登りのしるしです。大きな∧が現れている人は大きな目標に向かって時間をかけてでも登りつめていくタイプ、小さな∧をいくつも重ねていく人は地道に目の前の目標に向かって堅実にステップアップしていくタイプです（A）。一度仕事を辞めてから新たな準備に入るべきか、今までの仕事やつなぎの仕事を続けながら勉強と両立していくかは、それぞれの状況に応じて無理のない道を選びましょう（B）。別にその仕事に興味はないけどとりあえずギャランティが上がりそうだからというのでは、天職と呼べる仕事に到達できるかどうか少し不安があります。苦労ではなく喜びながら努力できていくことが、先の長い生涯におけるやりがいのある仕事に結びついていくように思います。留学を考えている人は右手の海外流出線の存在をチェックしてください（C）。海外流出線から立ち上がる開運線が認められるなら（D）、勇気を持って留学の準備を始めていきましょう。

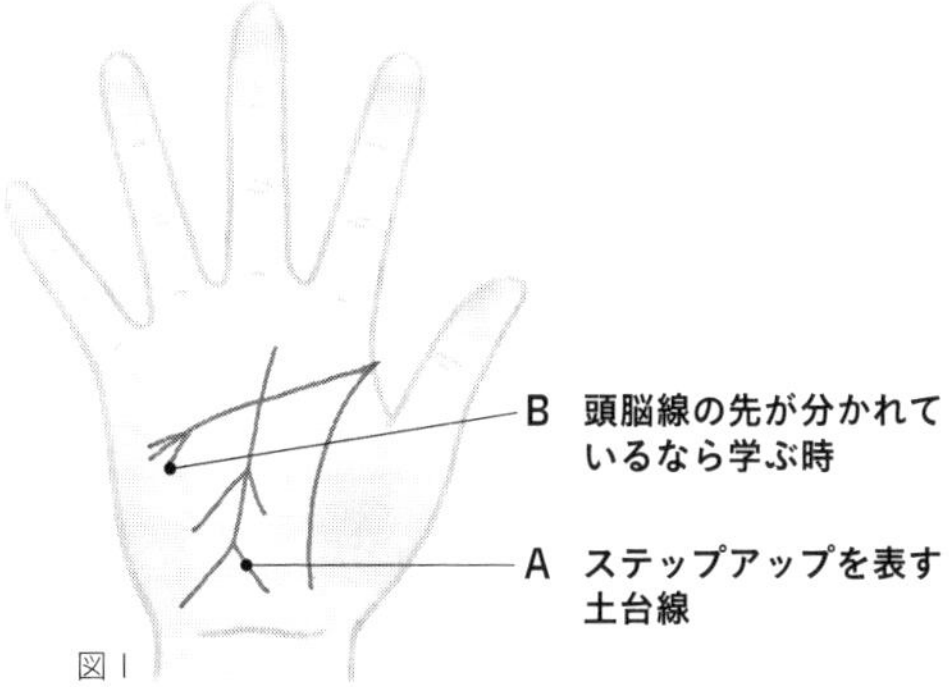

図1

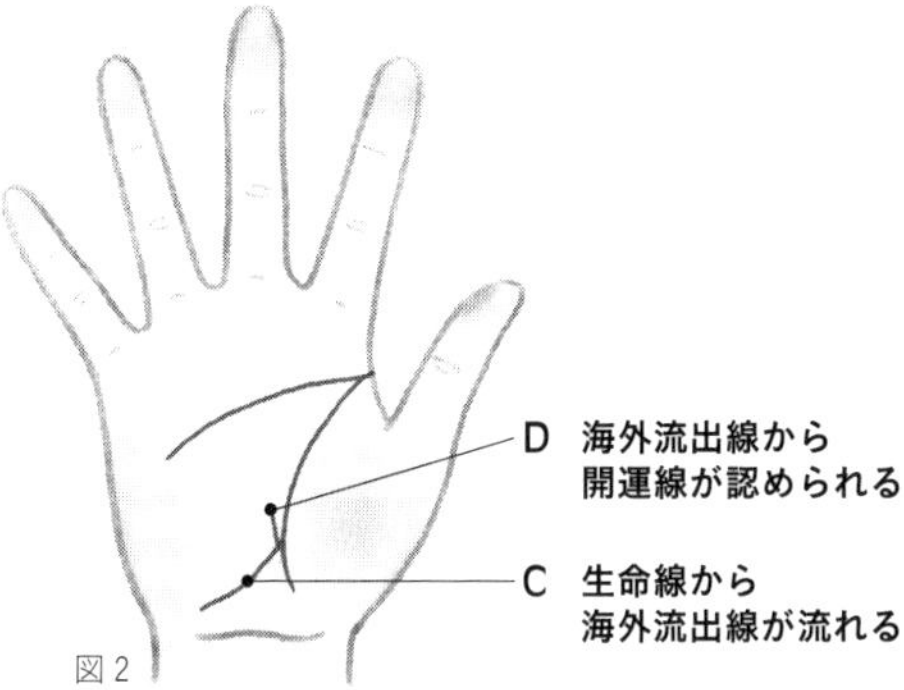

図2

Q3 職場での人間関係に悩んでいます。特に上司との関係がうまくいっていないのですが。

さてあなたは今、自分にふさわしい職場にいるのでしょうか？ 自分らしさを抑え、とりあえずのお給料をキープするために働いているという人に起こりがちなお悩みのひとつです。職場という群れ社会で仕事をしていると、どうしても気の合わない人や意地の悪い人やクセのある人とも組まなくてはならないことが出てくるし、尊敬できない上司のもとで働くという状況はさぞかしつらいことだとお察しします。そんな悩みが、その職場で働く意義を越えて大きくなってきたなら、これもひとつの転職のためのきっかけと考えてみても良いのかもしれません。多少イヤなことはあっても今の仕事を通して社会で輝き、この困難を乗り越えることが人間的成長に結びつく必要なことと思えるなら、割り切るべきところは割り切って続けていくしかないのでしょう。辞めるべきか続けるべきかは、右手の運命線の流れで判断することができます。運命線が途切れることなく続いているなら続けながら様子を見ていくべき（図1）、切り替わってその先が強く伸びるようなら転職を決断しましょう（図2）。

組織で働いている以上、人事権は組織が握っているわけですが、自分の人生は他の誰でもない自分の意志が握っていることをどうぞお忘れなく。

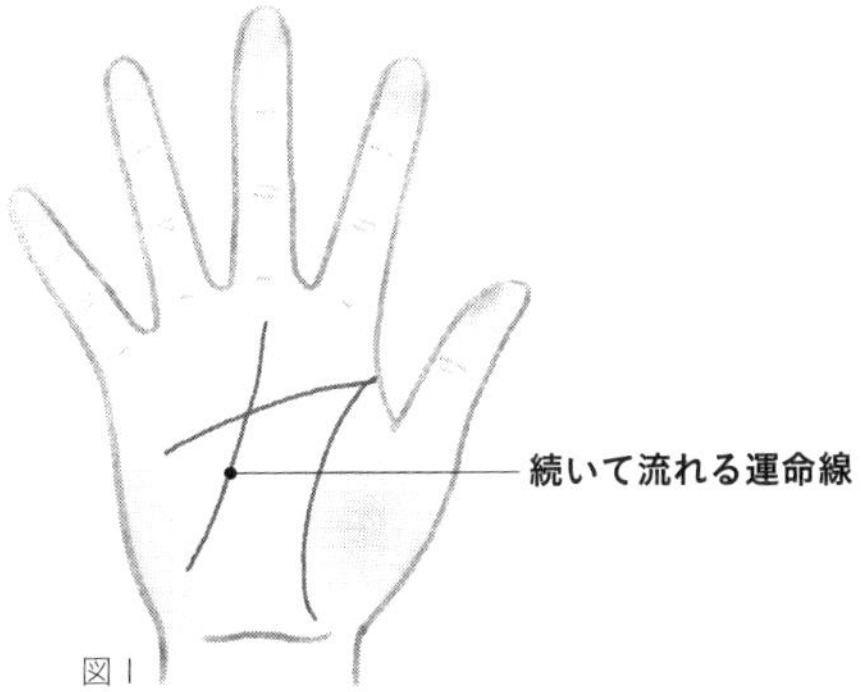

図1

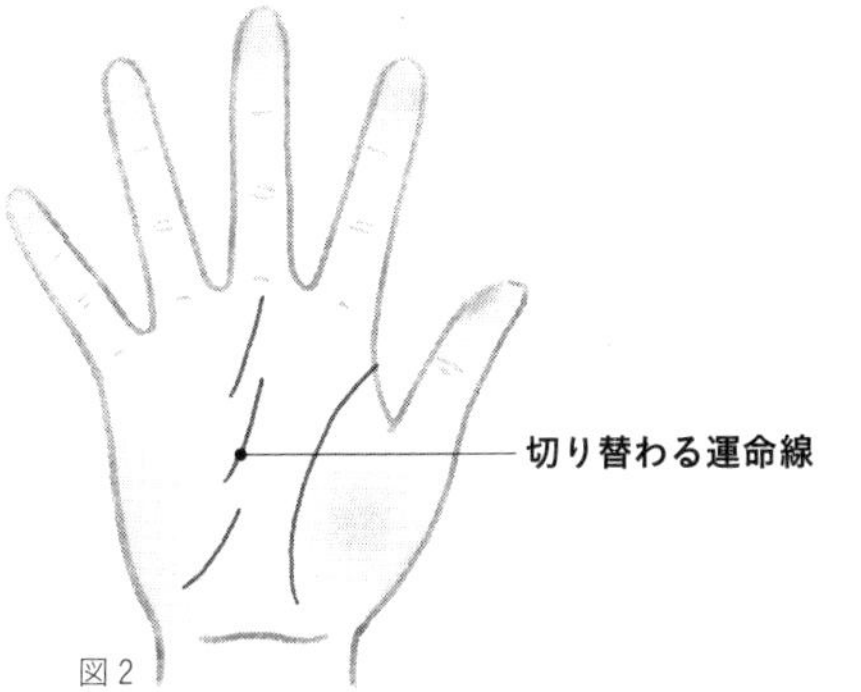

図2

Q4 人と接することの多い仕事をしているのですが、ストレスが多く、向いていないのではと思っています。

多くの人と接する仕事はたしかにとても疲れやすいものです。無理のある作り笑顔はその人の表情を精彩のない老けた印象に変えていきがちです。鏡の中の自分と向き合ってみてください。そこに悲しい顔の自分がいたら転職を考えていっても良いのかもしれません。多くの人の中でこそ自分の魅力を発揮して輝いている人たちも多くいるので、やはり向き不向きがあるということでしょう。

あなたの太陽線はどんな感じで昇っていますか？　薄かったり目立たないようなら接客向きではないのかもしれません。太陽線が複数昇っているようならば今だけ疲れていてつらいけれど、本来は向いているのかもしれません（図1）。

頭脳線はどんな形をしていますか？　先端が大きく二股に分かれて伸びているようなら多くの中にあっても客観性を持って臨機応変に対応していく接客向きです（A）。

細めで直線的ならなるべく責任感を押しつけられない事務系向き（B）。月丘に届く弧を描く長い頭脳線なら、静かな環境の中で自分のイメージを活かせるような夢のある仕事向きと観ます（C）。

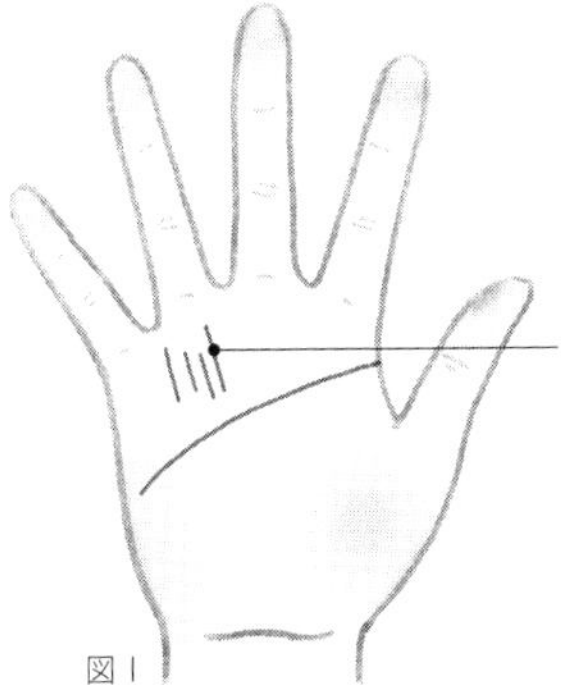
太陽線が複数出ている
図1

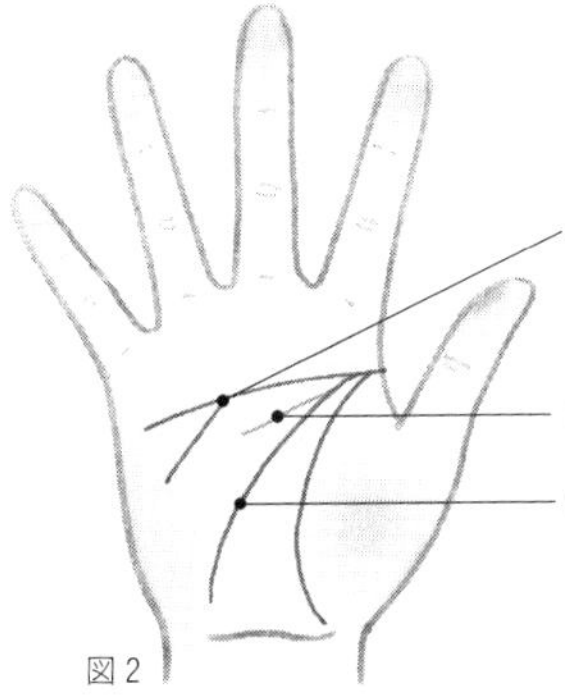
A　頭脳線の先が
二股に分かれる
B　頭脳線が細めで直線的
C　月丘に届く頭脳線
図2

Q5 いつかアーティストになりたくて勉強中です。今はアルバイトを転々としながら頑張っているのですが。

子供の頃から夢を持って目指しているものを持っている人は素敵です。魂が求めること、人よりも得意で自分らしさを活かせること、嬉しい努力が重ねられていくこと、そんな夢があるならば、その夢が人生を輝かせていってくれます。あきらめることなく追求していくべきでしょう。夢の仕事で成功するならそれに越したことはないのですが、たとえそれが生活力に結びつかなくても追求していきたいと頑張り続けるなら、それも素敵な生き方です。そんな場合は、生活の糧を得られる仕事をしてくれる自分が、アーティストである自分のスポンサーなのだと考え、二足のわらじを履いて頑張っていってください。

運命線と太陽線はどんな様子で現れていますか？　運命線が中指に近づくほどにクッキリ上がり、これと並行するように太陽線も現れているようなら、時間はかかったとしてもいつか自分の名前で成功を収めていく可能性があります（図1）。

運命線と太陽線を複数ずつ持つ人は、同時期にいくつかの仕事を持って社会と関わっていくタイプです。生命線から立ち上がる運命線を持つ人は、自分のオリジナリティを発揮することで成功していく力を持っています（図2）。

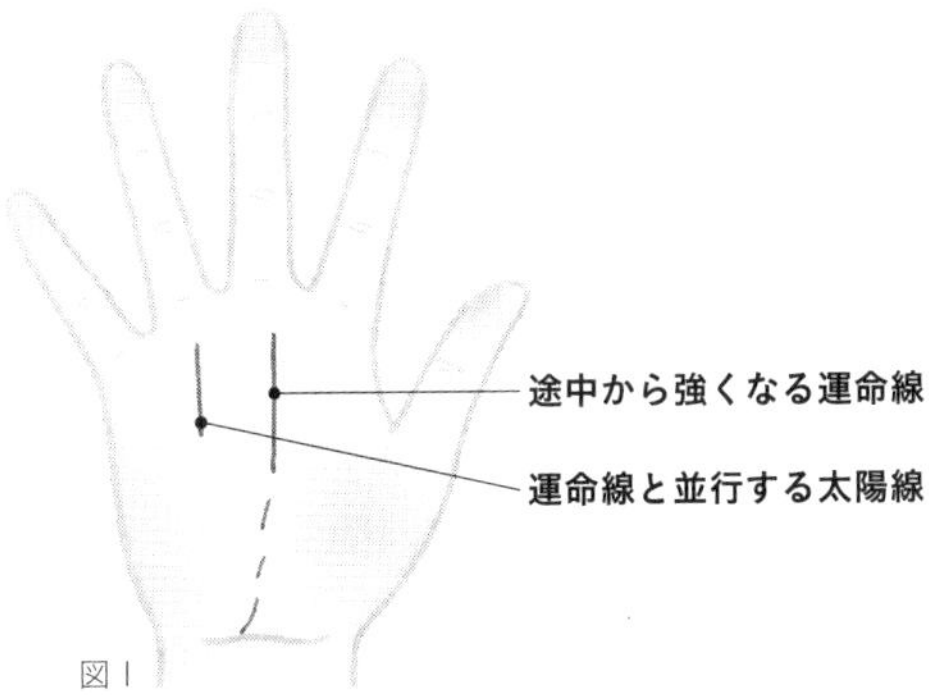

図1

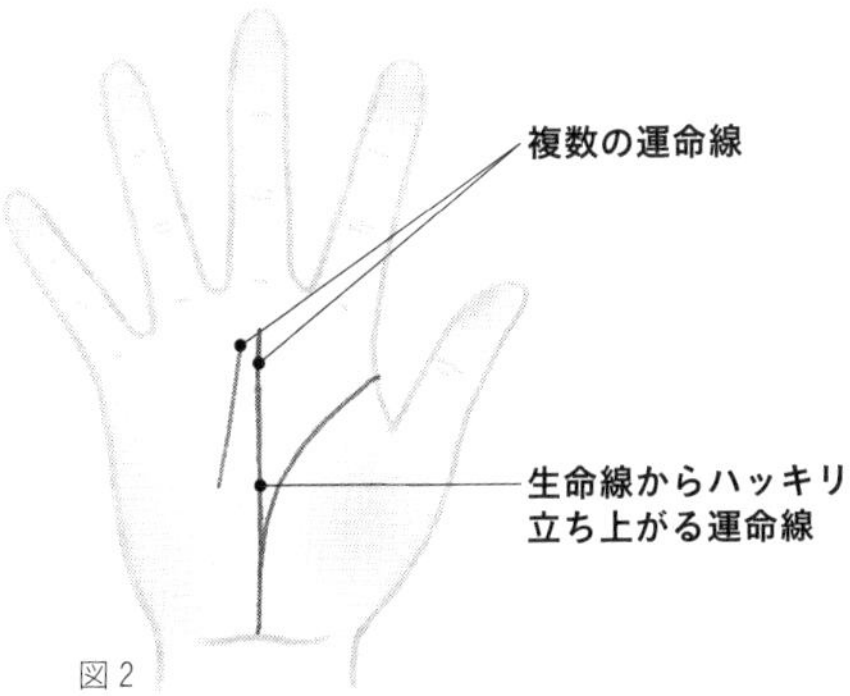

図2

Q6 独立を考えています。組織では限界があるので、もっと自由になって仕事をしたいのですが。

さて、独立向きかどうかのチェックポイントを紹介しましょう。両手か、もしくはどちらかの手のひらにマスカケ相は現れていませんか？　マスカケ相を持つ人は、本来自分の力で堂々と社会に立ち上がる個性や才能を持った独立心旺盛な人で、強いリーダーシップの持ち主です（図1）。組織の中でリーダーとして生きる人もいますが組織での限界を感じているなら独立のための準備をしていってください。

独立向きのもうひとつのポイントは、生命線と頭脳線が離れて出発するじゃじゃ馬の相です（図2）。じゃじゃ馬相の人はもともと何か自分の好きなことでスペシャリストとなって、フリーで活躍していくタイプです。集団行動やパターン化された生活が苦手で、何より自由を好みます。

独立のタイミングは、マスカケ相でもじゃじゃ馬の相でも、運命線と太陽線がクッキリと直立して伸びていく時です。この2本に加え、小指と薬指の間に向かって伸びる財運線があざやかなら大きな開運の時を迎えていると判断します。薄めの時はまだ準備時間であると考えてください。運命線、太陽線が薄く勢いがないなら焦ることなく、どんな独立がふさわしいのか再考を重ねていきましょう。

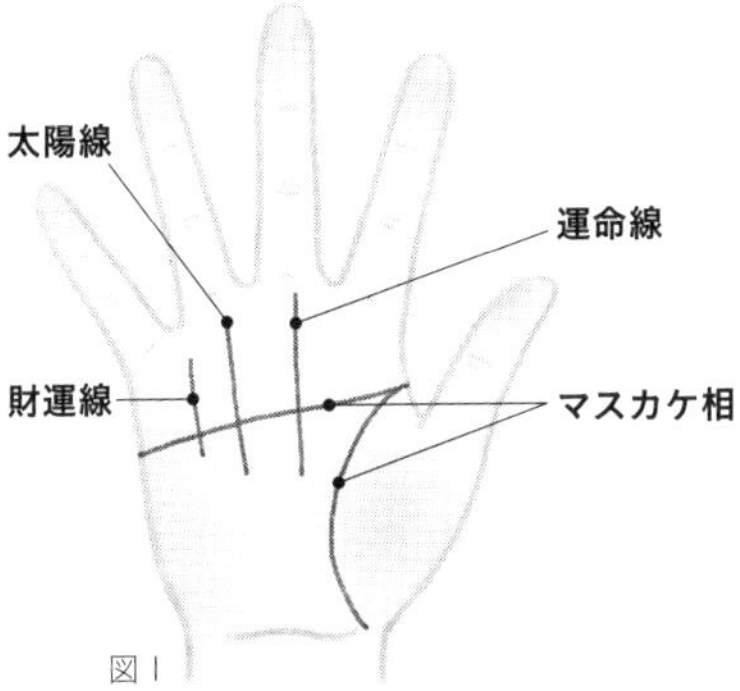

図1

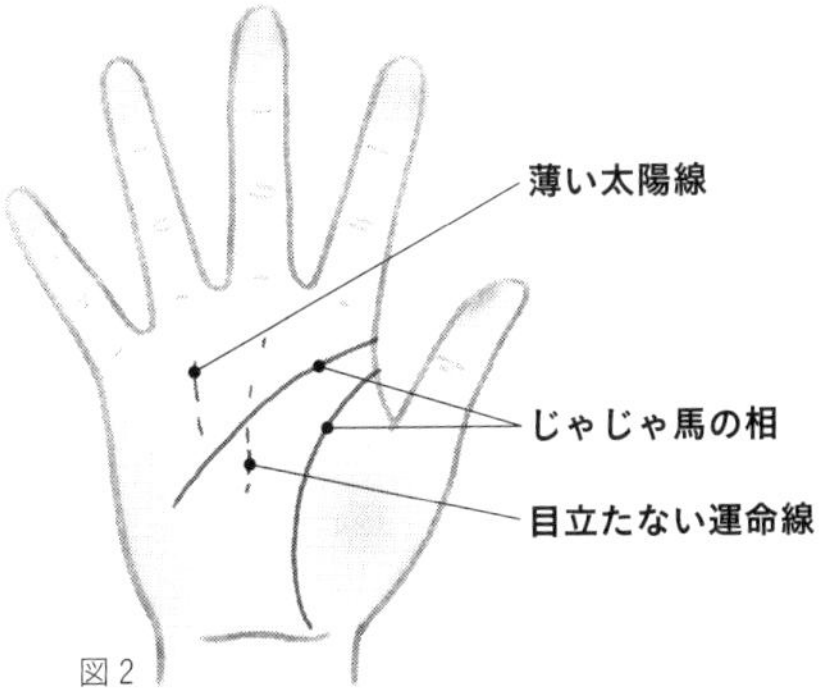

図2

天職&適職への手がかりを見つけましょう

仕事にまつわる事柄は、自我や自意識が刻まれる運命線で観ていきます。この場合、社会と直接関わることなので右手を中心に見ていきます。一番近いパターンを参照して、仕事選びのヒントにしてください。

まっすぐクッキリ現れる

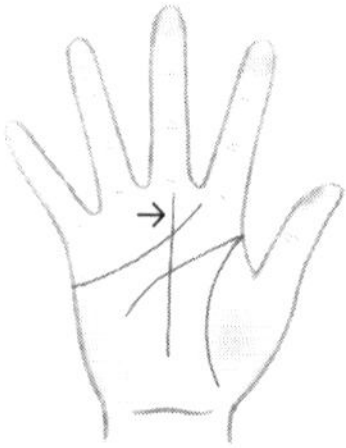

我が道を自分の力で迷いなく進んでいける人。やりたいことがあるなら、転職、独立ともに挑戦して吉。自己プロデュース力にたけていて、進んだ道で注目を浴びる存在に。人に使われるのではなく、フリーランスのスペシャリストとして成功していけるはず。

月丘から斜めに流れる

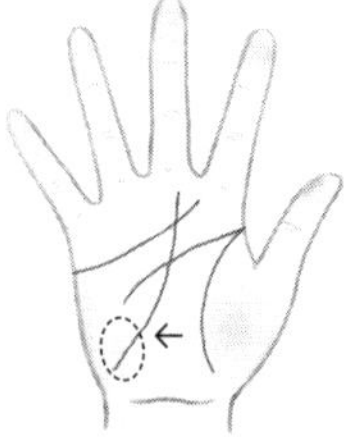

人々の引き立てを得て、適職を見つけられる人。仕事や仲間に恵まれ、受け身でいてもチャンスを活かせます。そこにいるだけで雰囲気を和ませ、皆と仲良くすることができるので、人と接する仕事が向いています。タレントやアーティストとしても適職。

土台線を持つ

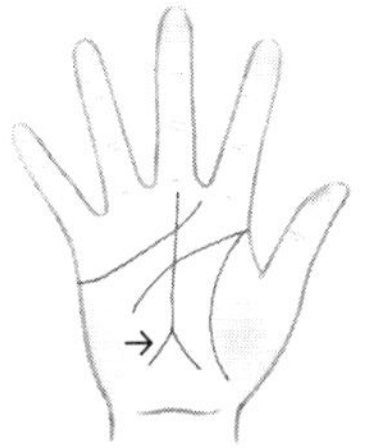

下積みで基礎を固めてからスペシャリストになっていく人。弁護士や美容師など、資格や厳しいレッスンが必要な職業に就いていきます。今、どんな職業に就きたいかわからないなら、必要だと思うことをとにかく勉強し、技術を習得すること。

生命線から立ち上る

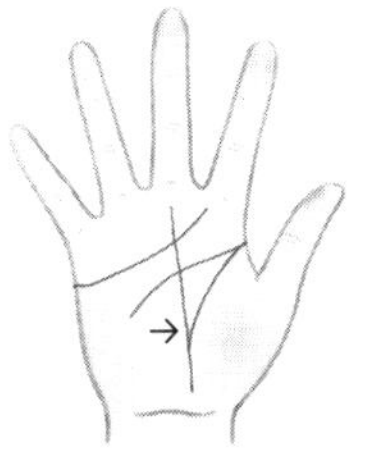

五感や体力など、肉体的能力に秀でた人。自己表現力に富み、自分の名前で勝負する仕事に就く可能性が大。人とは違う才能、持ち味を活かす芸術家などは、その好例。何事もオリジナリティやキャラクターを前面に出せる職業を目指すべき。

複数ある運命線

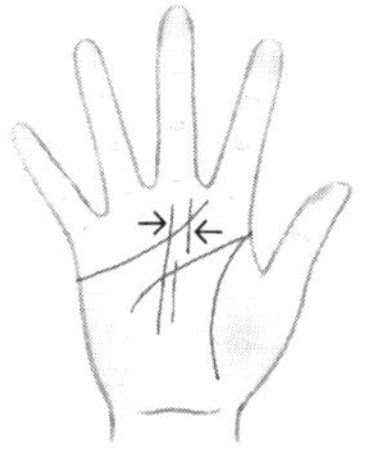

運命線は世の中との関わりを示すもの。複数ある人は、例えば何種類かの名刺を持ち、やりたいことを次々と叶えていける人。会社と家の往復だけの生活とは無縁。ひとつの仕事で収入を確保しつつ、ボランティアやサークル活動で活躍する可能性も。

薄いか切れ切れ

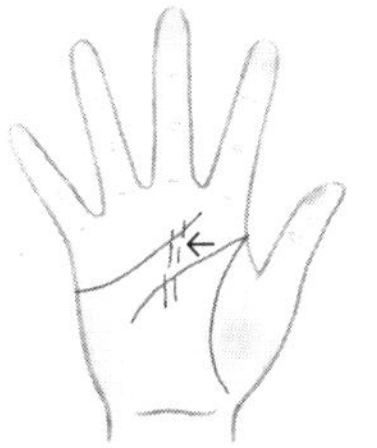

自分が何をすべきか把握できていない状態。なんらかの職に就いている人は、今の仕事に納得していないのでは。線が薄い時期は、別の可能性を探る時。右手は薄く、左手の運命線がハッキリしている人は、私生活を充実させるマイホーム型。

副線や小さな線にもヒントは隠されています

手のひらには実にさまざまな線が、それぞれの意味合いを持って流れています。主要な線と異なり、誰もに刻まれているわけではありませんが、自分の手に見つけると嬉しくなるユニークなメッセージがたくさん秘められています。

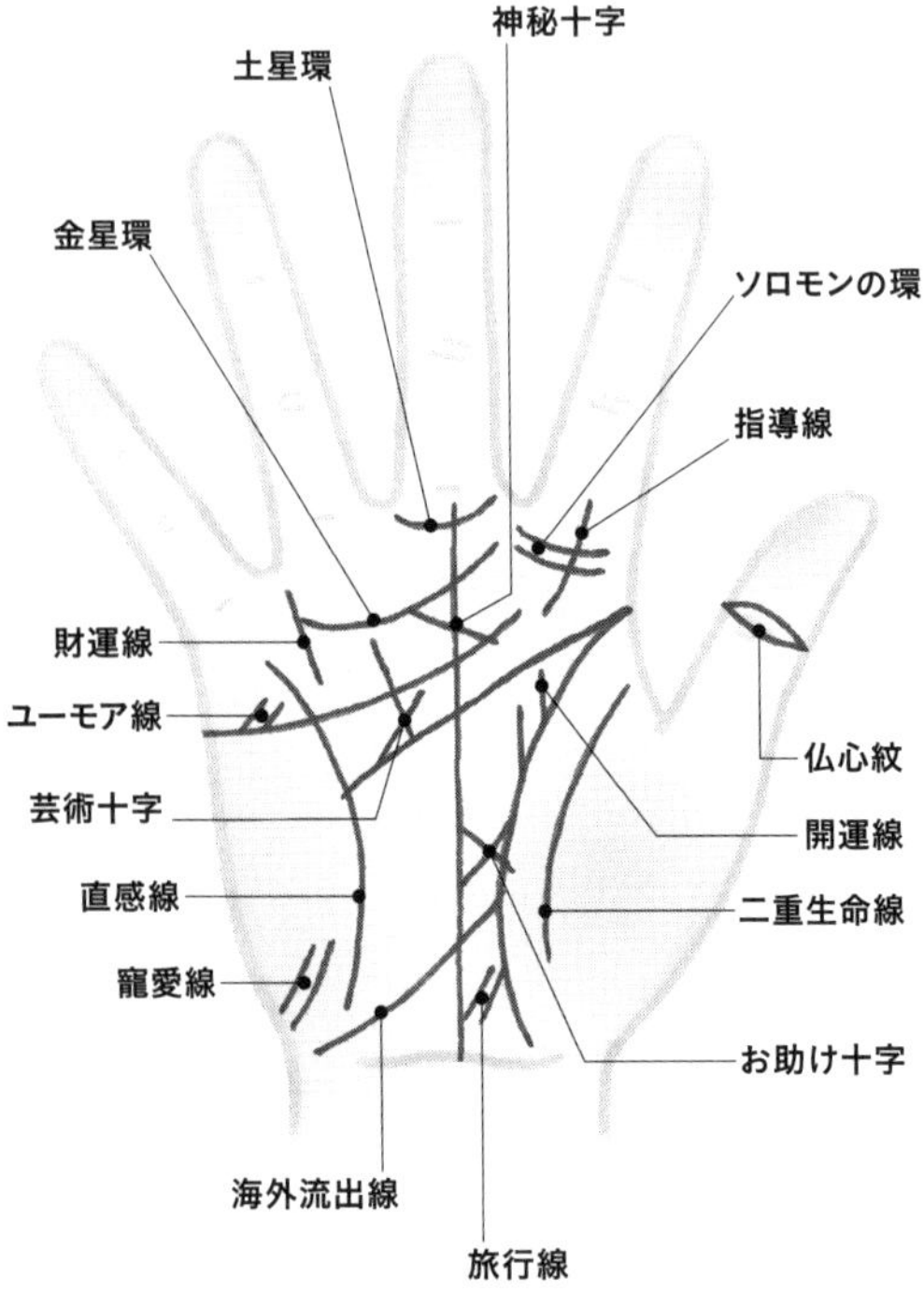

✣ マスカケ相

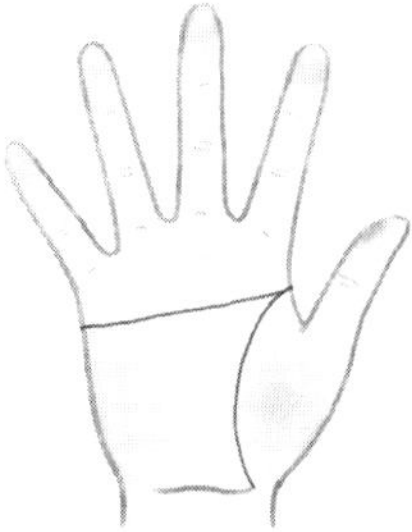

通常、離れて存在する感情線と頭脳線が一本につながって『て』と見えるように現れているのがマスカケ相です。モンキーラインとも呼ばれ、理性だけにとらわれないプリミティブな魅力に満ちた人に多く見られます。両手に現れている人もいれば、片手にだけ現れる人もいます。テソーミルームにおいては25人に1人くらいの割合で見かける相です。

一般的な手相と違って一段と強いエネルギーの持ち主です。文武両道、才能や運動能力、個性やセンスに恵まれ、すぐれた統率力の持ち主でもあります。いわゆるなになに家と呼ばれる仕事、例えば作家、音楽家、政治家といった自分の名で勝負していく職業に適しています。この相を持ちながら人や組織に従事する生き方を選ぶと、力が余り、周辺とのバランスを崩していってしまいがちです。恵まれた運命の持ち主と自覚し、スケールの大きな人生を目指してください。

✣ 金星環

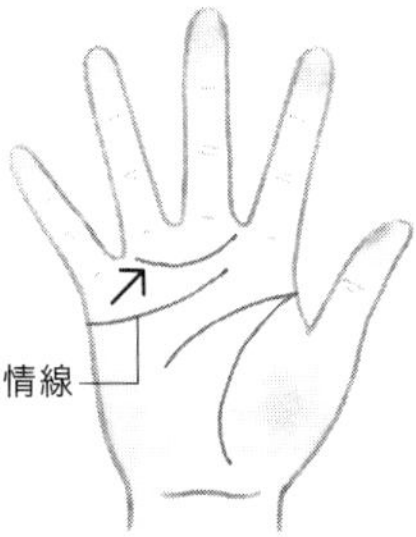

感情線の1〜2センチ上に感情線と並行するように弧を描いて現れているのが金星環です。目に見えない空想的感覚や美的イメージをキャッチするアンテナのような働きを表す線で、芸術的な表現活動をしていく人にはなくてはならない線のひとつです。ロマンティックな愛情を受け止めて流れる線でもあるので、恋をして感性が輝きを増している時には、ひときわクッキリと目立ってきます。1本でハッキリ刻まれることは稀で、3〜4本の細い線が重なり合うように弧を描いているのが一般的です。

イメージを表現する仕事、例えば役者、ダンサー、作家、詩人、デザイナー、脚本家といった人には必ずといっていいほど形良く流れています。金星環がバラバラな感じで乱れて流れている時は強い感性はあるものの心に落ち着きがなく、わき上がってきたイメージを作品として完成させることが難しくなります。せっかくの感受性を活かせるよう冷静な客観性を育んでいってください。

✣ 土星環

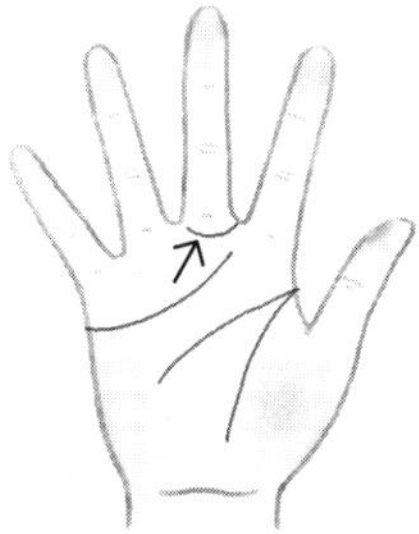

中指の付け根を取り囲むように弧を描く直径1センチくらいの小さな環が土星環です。現れている方が珍しく、この相が出ている人は冷静で孤独を愛する傾向が強くあります。人に対して心を開くことが苦手な人が多く、交友関係は狭まりがちです。

ひとつのことに強い執着心やこだわりを持ち、長い時間をかけて研究や趣味の世界を追求しても、頑固さが災いして世間との関係性がうまく築けず、せっかくの成果をフイにしてしまう人もいますが、この線に加え、運命線や太陽線も濃く現れているようなら、土星環が持つ良い意味合いが社会に反映され、学者、研究者、哲学者、宗教家、発明家や、優秀な職人として成功していく可能性も大きくあります。

孤独を愛するものの、人間関係や感情表現が苦手なだけで、実は寂しがりやの甘えん坊という人も多くいます。家庭の中での自分の書斎や勉強部屋やアトリエ、学校や職場にある研究室やスタジオにこもって、着実な成果を上げ続けるタイプです。

✣ ソロモンの環

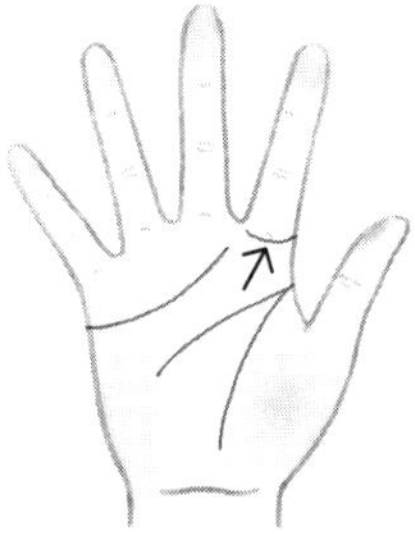

人さし指の下に、付け根を取り囲むように現れる線がソロモンの環で、たいていは1〜2本で流れています。コミュニケーション能力を表す線で、この線が出ている人は言葉を介さない心の会話やテレパシー能力にたけています。オープンマインドでソフトな感覚の持ち主なので、人間同士だけでなく、動物たちや自然界、さまざまな物や音の響きや時の流れなどとも心を通わせることができます。まだ言葉の話せない赤ちゃんや他国語を話す異民族とも眼差しや表情からその思いを感じ取ることができますし、ペットの気持ちや植物の放つ気なども敏感に感じ取っていきます。医師や看護師といった医療に従事する人や、動植物に関わる仕事をする人、天気予報士や占い師など気配を読み取り人々に伝える仕事を持つ人などに必要となる線です。

金星環と併せ持ってソロモンの環があるならば芸術家としても豊かな表現力を持ち、多くの人々に素晴らしい影響力を与えていくことができます。

✣ 直感線

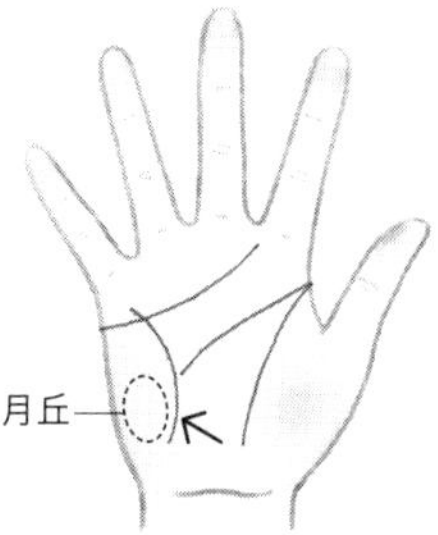

手首から感情線にかけて月丘を取り囲むように縦に現れる弓状の線が直感線です。いわゆる直感力に恵まれているという相で、確かなる閃きの力で的確に情報をキャッチし、チャンスをつかみ、素早く確実な行動をとることができます。直感線が現れている人もとても稀で、50人に1人くらいの割合で現れているかどうかです。

直感線を持つ人は決まって冷静で眼差しに力があります。少々のことでは騒がない落ち着きがあり、理性的で聡明です。言動にも無駄が少なく全体的に凛とした印象があり、立ち居振る舞いにも優雅なイメージがあります。

いわゆるツキにも恵まれ、勘が冴え、回り道の少ない人生を生きていくことができます。芸術家でこの線を持っているなら天才肌、直感の泉から枯れることなくイメージがわき上がり、人々の深層意識にまで感動を与える素晴らしい作品を生涯にわたって創り上げていくことができます。

✣ 指導線

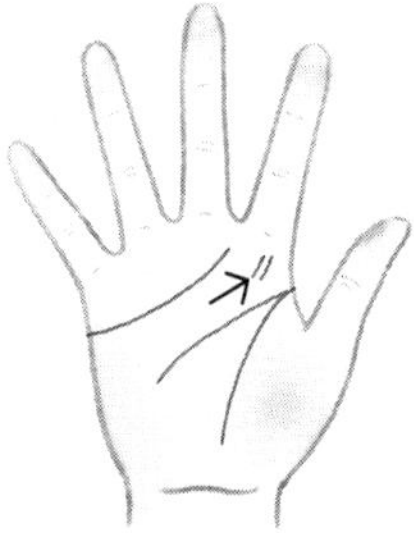

出発点はどこであっても人さし指に向かって上昇していくのが指導線です。常に向上心を持って前向きに努力を重ねる人に現れやすく、強いリーダーシップを発揮して人の上に立ち、影響力を持ったすぐれた指導者としての活躍を暗示します。

生命線から出発するならその人が持つ行動力や技術や経験を伝えていく人。頭脳線から出発するなら知恵や知識や、アイディアや計画を通して人の上に立っていく人。感情線から出発するならその人が持つ優しさや真心を伝え、信頼を得て多くの人々に慕われる人となっていきます。多くの人に作品を通じて影響力を与えるアーティストや作家にも現れている線です。

最初から出ている人は少なく、指導力が身についてきたり、伝えるべき何かが用意されてくると流れ上がってきます。幼い頃から出ているようならクラス委員やクラブ活動の部長などとして仲間を引っ張る、頼もしさを持った子供であるはずです。

✣ ユーモア線

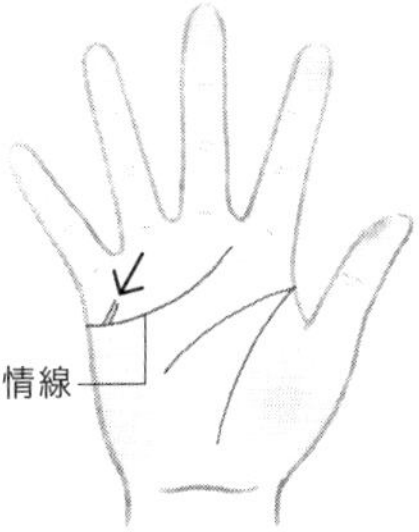

感情線の小指の下のあたりから、薬指に向かうように短く2本並んで斜めに昇ってくるのがユーモア線です。人を笑わせたり楽しませることが大好きな、笑いのセンスのある面白い人によく見受けられます。

ユーモアとは、ゆとりのある心からあふれてくる明るい知性。まず自分自身が物事を楽しむ力を大きく持ち、その楽しみや喜びを多くの人たちに分け与えられる人は素敵です。人の心を和ませる明るい余裕は、暖かな笑顔やチャーミングな仕草や楽しい話術となって場を盛り上げ多くの笑顔を生み出していきます。

ユーモア線はある種太陽線の変形ともいえ、この線を持つ人はもちろんみんなの人気者です。単なる自己主張や表面的なノリだけで笑いを取ろうとする人には現れにくく、天然の魅力を持った自然体の人に現れやすい線です。ユーモア線を持つ人が増えていくと地球上の争いごとも減ってくるように思います。

✣ 寵愛線

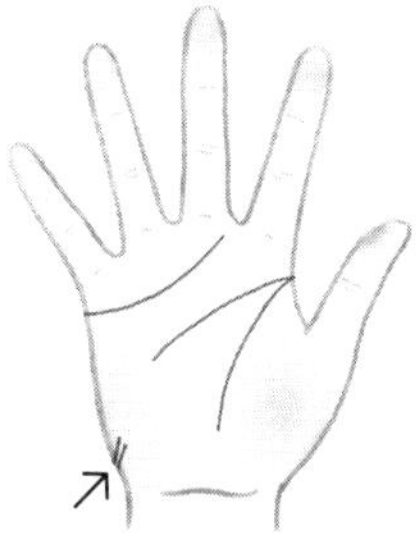

月丘の下、手首の端から2本並んで薬指の方向に向けて1～2センチの長さで斜めに立ち昇る流れが寵愛線です。寵愛線も太陽線の変形といえ、この線を持つ人は生まれつき可愛い魅力を持ち多くの人たちに可愛がられて育ちます。赤ちゃんの頃からみんなのアイドル、人気者だったはずです。無意識のうちにも多くの人々にたくさんの笑顔や喜びという幸せをプレゼントできているしるしでもあります。天性の可愛らしさという魅力によって刻まれる線なので、ただのぶりっ子の手に見つけることはほとんどありません。

寵愛線がある人は普通の暮らし方の中からも多くのチャンスが訪れやすく、多くの人たちが応援の手を差し伸べてくれたり、才能を見抜かれてスカウトされたりと、早い時期から注目を浴びる存在となっていきます。単にルックス的な問題ではなく、天性の魅力が刻み込むうらやましい相です。

✣ 開運線

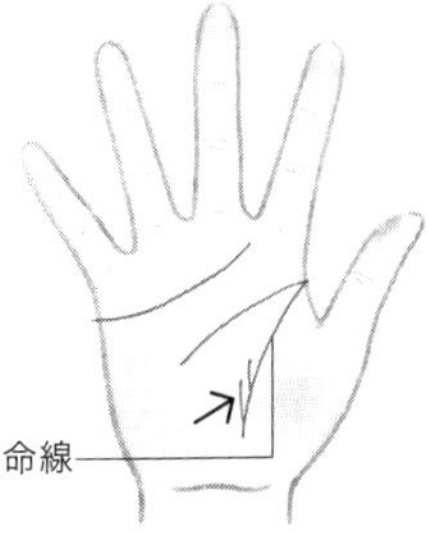

生命線から真上に向かってまっすぐに立ち上がってくるのが開運線です。通常1～2センチの線で現れますが、やがて開運線が努力とともに長く育っていって、運命線へと進化していくこともあります。

地道な努力の継続の力が刻み込む線です。短く細かく複数立ち上がっている人は常に具体的な目標を定め、少しずつでもコツコツとしっかりとした実績を重ねていくタイプです。目立った開運線が現れている時は、それが立ち上がる生命線の位置で、大きな開運の時期を占っていくことができます。生命線の出発地点の近くから幾本もの開運線を持つ人は若い頃からの努力家、生命線の中間周辺に立ち上がっている人は人生の後半に向けて確かな安心を得るための努力をいとわない人です。

努力ができるということも大きな才能のひとつです。努力や精進を重ねることで自分に新しい底力がついた時、開運という新しい幸せの道が開かれていきます。

✣ 旅行線

生命線の流れの先から、手首の中央部分に向けて、斜めに流れていくのが旅行線で、たいてい2～3本で現れてきます。活発な行動力に恵まれている時期で、旅のチャンスに多く恵まれ、旅から得た体験や知識によって見聞を広げ、人生がより広く活性化していくことを暗示しています。きれいにスッキリと流れ出ている時はその時々のコンディションに合わせた無理のない旅を選択して旅立ってみましょう。新しい可能性が開けていくはずです。

旅行線が切れ切れだったり、島という滞りがある時には、旅立つことに慎重になってください。準備不足のまま旅に出ると旅先で無理が生じて、旅によって余計に疲れてしまったり、危険を生じることも起こりがちです。良い旅立ちの時期が来たなら線の流れも整っていくはずです。遠方への旅だけにこだわらず、知らない路地や公園を散歩したり、屋上から夕日を眺めることなども、素敵な旅心の実践となります。

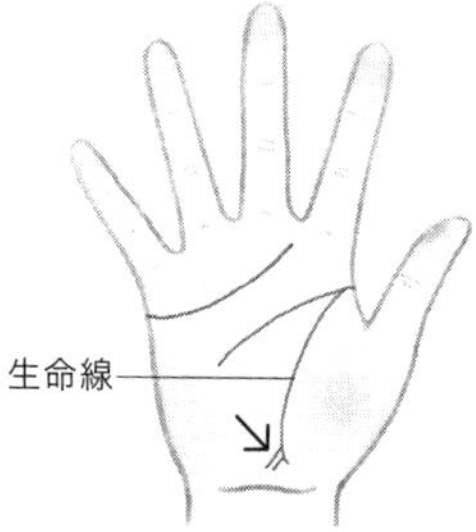

✣ 海外流出線

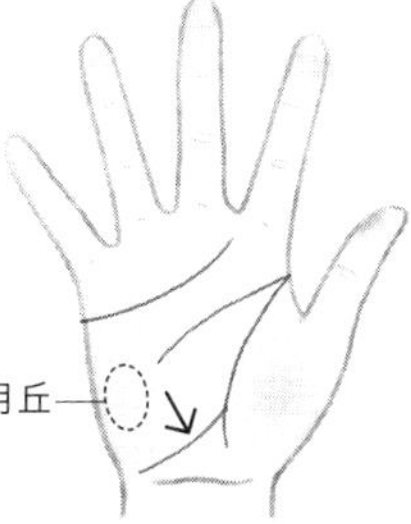

生命線から月丘の下部に向かって、斜めに長く流れていくのが海外流出線です。生まれ育った国や環境の範囲を越えて、広く国外にも活動の場所を得ようとする国際感覚を持った人に現れています。

幼い頃から外国に対する憧れが強かったり、例えば帰国子女とか二世とかハーフとか、生まれつき外国との縁の深い人や若い時の留学体験を持つ人には生命線の上部から流れていることがあります。

また、海外の文化や音楽、民族性の違いや外国語に興味を持つ人にも現れてきやすい線で、実際に海外に住むことにならなくても、自分の作品や働きが海外でも認められて国際的な広がりを持つ時や、国際結婚をする人にも現れてきやすい線です。

宇宙から見たらとても小さな地球です。これからの時代、この線を持つ人の数はどんどん増えていくことになるでしょう。

✣ 神秘十字

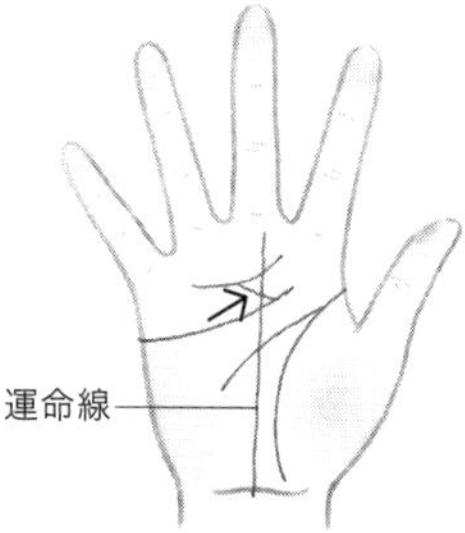

運命線と交差する線が、感情線と頭脳線の間に現れていたら、それが神秘十字という吉相です。心という感情と、知性という頭脳がバランスを持って手を結び、自分という意志の力が刻み込む運命線と交じわった時、天命天職を持って生きるという印の神秘十字が浮かび上がってきます。

ミディアム（中間）の相とも呼んでいるのですが、例えば神様と人間の間、過去と未来の間、異民族の間、自然界と人間界の間、男性と女性の間など、2つの世界の間をつなぐ働きを持った人にも現れています。本人がその働きを意識していてもいなくても、自然に尊い役割を持った人として認められ、多くの人々に良い影響を与えていきます。神秘十字が現れている人は決して珍しくなく、約半数の人にこの相を見ることが出来ます。まずは与えられた生命を喜んで受け止めること、これが神秘十字を得るための大きな手がかりになっていきます。

✣ 芸術十字

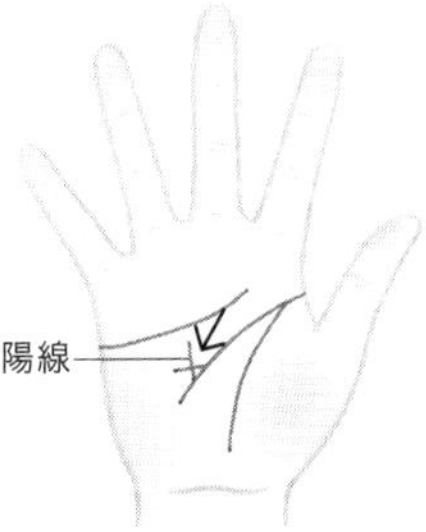

頭脳線からやや上昇して流れる線と、太陽線が交差してできる十字のしるしが芸術十字です。芸術的な感性感覚が発達し、美を愛し、美を生み出し、美を伝えて生きる働きを持つ人に現れる素晴らしい吉相です。この相が現れている人は皆とてもセンスが良く、ものを創り出す才能に恵まれています。特にすぐれた色彩感覚を持つ人が多く、優秀な芸術家、画家やイラストレーター、デザイナー、写真家、スタイリスト、ヘアメイクアーティストの人たちの手に多く発見することができます。

その手の中に芸術十字が刻まれているならば、どうぞその才能を活かせる仕事を志してください。目の前の確実な現金収入とか社会的保証などだけに気をとられず、あきらめることなく心ときめくことを追求していくうちに、最初は副業として始まったとしても、必ずいつか芸術方面での開運と成功にたどり着くことができるはずです。才能を活かして生きる人こそ、魅力的な人生のクリエイターといえるでしょう。

✣ お助け十字

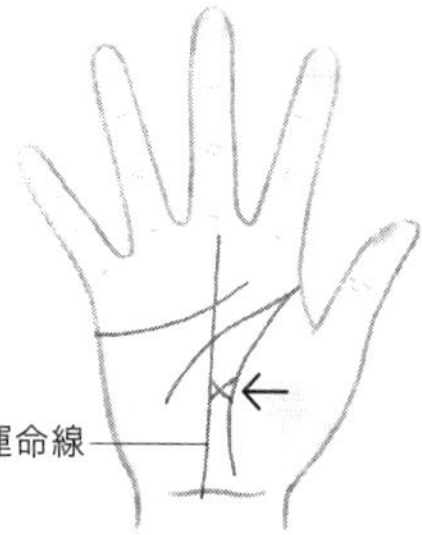

生命線と運命線の間に×の形で現れるのがお助け十字です。人のために世の中のために地球のために役立つ人として生きようという使命感を持っている人に現れる吉相で、多くを守り助け上げていく働きを果たしていきます。喜びのないところに喜びを与え、痛みや苦しみを持つものに楽を与え、争いの中に救済の手を差し伸べていける人です。医療十字とも呼ばれていますが、例えば医者、看護師、治療師、薬剤師、カウンセラー、療法士といった医療の現場で働く人や、教師や宗教家、占い師、また正しい政治家や支援団体などで活躍している人たちに多く現れる相です。

過去に自分が病気やケガや困難や苦しみから救われたという経験のある人にも現れやすく、無意識であっても役立つ人として生きることで、運命に恩返しをしていくことになります。この働きを直接職業に結びつけていなくても、他の職業や普通の生活の中から自然に喜ばれる存在として明るい光を放つ人の中にも多く現れています。

✣財運線

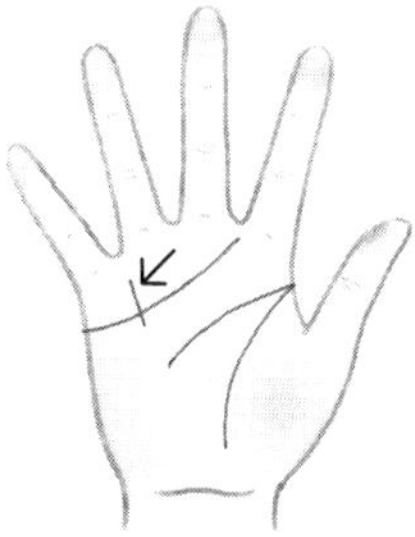

小指の付け根と薬指の付け根の間に向かって、まっすぐに直立して現れるのが財運線です。財をつかむ力や金銭を動かす力、またその時々のお金に対する満足度をこの線の状態で判断していきます。財運線は運命線や太陽線と強い関わりを持っています。運命線は仕事を通しての世の中との関係性、太陽線はその仕事の成功の可能性を暗示し、財運線はそれらによって結果的にもたらされる金銭、財産の有り様を示して伸びていきます。クッキリと勢いよく現れている時は金運が上昇し多くの財を築くチャンスに恵まれている時です。薄い線が数本で現れている時はいきなり大金を得るというよりも、安定した収入を得て着実に蓄財を増やしていくことを暗示します。

途中で切れていたり島が現れている時は破産とか大きな金銭的トラブルに巻き込まれやすいことを暗示しています。財運線が目立たない時は大きな投資とか散財は避けた方が賢明であると判断します。

✣ 仏心紋

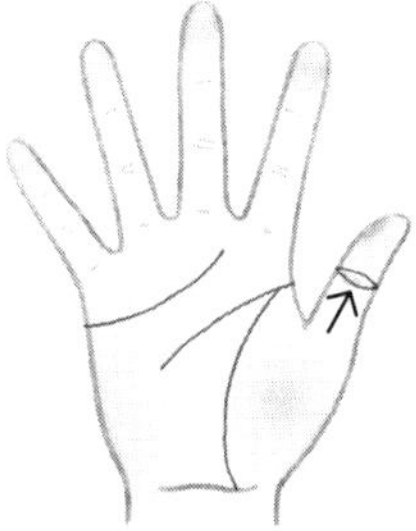

親指の第一関節の内側に目のような形で現れるのが仏心紋です。2本の線が重なって流れるだけで目の形になっていない人の方が多く、この相を持つ人は強い集中力と目指すものを達成させていこうというある種の念力にも恵まれています。

子供の頃から極めたい何事かの夢を持ち、迷うことなく夢の実現のために苦しむことなく楽しみをともなった努力を重ねていくことができます。

この目の形は1つでクッキリ現れることが多いのですが、稀に唇のように2つ重なり合って出ている人もいます。ダブルの仏心紋を持つ人は、ひとつの道にこだわらず2つの夢を同時に叶えていく力を持ちます。いわゆる二足のわらじで成功していくタイプです。またごく稀に小さな3つの目の重なりで現れている人もいますが、この場合は生活に密接した個人的な目標の達成に結びついていくことが多いようです。

仏心紋を見つけたら年齢に関係なく、目標に向かって邁進していってください。

✣ 二重生命線

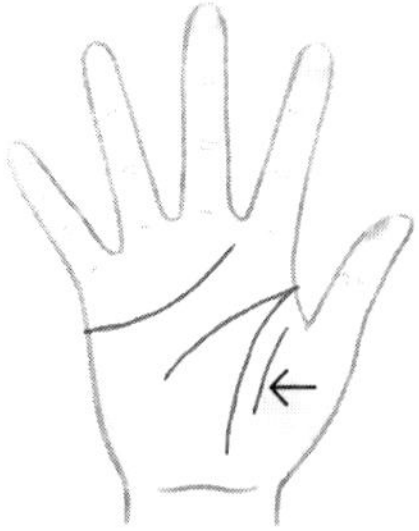

普通は1本で流れる生命線が、同じ太さの2本の生命線として1センチほど離れて並行して流れているのが二重生命線です。親指側を流れる生命線がやや薄いようなら、これは病気などをしても回復力を持つという副生命線と判断します。

二重生命線を持つ人は生まれながらに持った肉体的な能力、例えば運動神経や音感や手先の器用さなどに恵まれ、また美しい容姿を持つ人にもこの相が多く見られます。持って生まれた素質を活かした仕事が適職。スポーツ選手、ダンサー、俳優、音楽家や芸術家などで活躍していく人が多くいます。

二重生命線を持つ人のもうひとつの特徴として、2つの名前を使いこなし2つの分野で活動したり、また国内外に2ヶ所の生活拠点を持ったり、結婚後も実家との関係を強く継続していく場合もあります。バイタリティに富んだ活動的な運勢の持ち主なので、スケールの大きな大胆な人生を目指していってください。

essay

心の中の綱引き

手のひらを横切るように細くせつなく、心をよぎるさざ波のように、パッと見の印象をスッキリさせない感じとなって浮かび上がってくるのが障害線です。その名の通り、すみやかな人生の運行をさまたげる要因が、大切な意味を持つ各線を邪魔するように横切り、障害線として現れてくるのです。

今や脳天気な私の手はかなりスッキリシンプルなのですが、20代前半から後半にかけては何本もの障害線が私の手のひらにもさざめいていました。たくさん悩んでいたからです。焦ってばかりで妙なプライドにこだわり、それでいてコンプレックスのかたまりで、そのコンプレックスをごまかすように空元気を装って、なんだか不自然な態度で強がりながらも心をずいぶん弱らせていた、そんな時期であったからだと思います。

障害線というのはたいていが、いわゆるネガティブな心が恐れや戸惑いとなって浮かび上がらせていくものです。焦りやいらだち、臆病さや反抗心、「でもでも」とか

「だけど」といったこだわりが開運のためのさまたげとなってしまいます。

障害線の乗り越え方、それはけっこう簡単です。誰だって自分の中にある欠点や弱点や問題点については知ってますよね。昔からずっとそのことが原因で傷ついてもきたわけですから。それらに気づいている人は、さあ、心の中のネガティブ退治をいたしましょう。心の中で綱引きをするのです。ネガティブvsポジティブ！　あきらめvs希望！　このままでいいの？vsもっと良くなりたい！　悲しみvs喜び！　とにかくいつも潜在意識の中で心の綱引きが行われていると思ってください。そしてひたすら幸せへの道を応援していれば良いのです。幸せになりたい。だけど…、だけど、だっていろいろ難しい。だけどやっぱり幸せでいたい。だけど、けど、でも、やっぱり、今までよりも喜んで生きていきたい!!　そう思えた時、望めた時、ポジティブが綱引きの勝者となります。

究極的に言わせてもらえば、なぜ悩むのか。それは悩んで生きていたくないからです。悩みたくないのに悩みを抱えているから、イヤになっちゃうのです。しょうがないことはしょうがないんだ!!　さあ、先に進もう!!　そんなふうに考えられるようになったなら、障害線も薄くなってきて消えていきます。脳天気になっても、不幸にはなりません。安心して障害線と綱引きをしてみましょう。

essay

お仕事

この仕事をさせていただいていて、面白いなあと思うのは、さまざまなお仕事をしている人にたくさん会えることです。

私自身の職歴としては、大学生の時、まず表参道にあるフルーツパーラーと喫茶店でのウエイトレスを各3ヶ月と、ニッポン放送でオールナイトニッポンの制作アシスタント1年半。ここまでがアルバイトで、21歳の時から細野晴臣さんを中心とする音楽ファミリーに関わるのがお仕事の始まり。プロモーターを経て、細野さんのパーソナルマネージャー、それからYMOができて、YMOのマネージャー。その後はフリーのライター&インタビュアー、音楽と本のコーディネーター。その後3年間の雲隠れと勝手に呼んでる無職状態。吉野の神社で巫女的なお手伝いをしたりした後、意を決して、手相観に。

よって一度もちゃんとしたお勤めというのをしたことがないのです。いろいろやってきているようで音楽と芸能界とマスコミ関連以外の世界のことにはうとく、世間知らずでありました。手相観になってから、日々さまざまなお仕事をしている方々からいろんな業界のいろんな立場のお話を聞くことで、広く深くリアルにたっぷりと、社会勉強をさせてもらっているのです。テソーミルームにはいろんな方々が訪れてくださいます。例えばここ1週間の間にも、商社OL、医師、美容師、地方の政治家、SM嬢、お寿司屋さん、お花屋さん、タレントさん、キャドオペレーター、看護師さん、違法カジノの従業員、歯科衛生士、司法学生、秘書、お寺の嫁、コンビニのバイト、プロレスラー、銀行窓口、洋服の販売、などなどなどと、とにかくいっぱいいろんなお仕事をしている人たちが来てくださって、抱えてる問題をお仕事を絡めて率直に話してくださった。私はみんなの応援係、応援しながらたくさんの世界のことを学んでいるのです。

どんな仕事をしていくべきなのか、迷ってる人々にも多く会います。そんな人たちにアドバイスできることがあるなら、それは昔を振り返ってみましょうということ。好きだったこと得意だったこと、時を忘れて熱中できたこと、そんなことを思い出していく中に、自分に向いているお仕事へのヒントが隠されていることも多くあります。どうせ仕事をするならば、喜びながら努力ができる、そんなお仕事にたどり着けたら良いですね。与えられた才能を活かす道を探し求めていってください。

健康線と財運線

健康線と財運線の見極め方はちょっと難しい。共に生命線の手首近くから小指方面に向かって斜めに刻まれる線なのですが、小指の付け根の側面に向かって直線で刻まれるのが健康線、小指と薬指の間に直立するように上がっていくのが財運線だと判断します。

健康線というのは障害線と同じく、薄く存在感がない方が健康に心配な警告なしという良い意味を表します。赤みを帯びて切れ切れに目立っていたり、複雑に絡まり島が現れていたりする時は疲労がたまって病気を発症しやすいという要注意のサインですから、そんな時はまず身体の調子を自分でチェックしてみてください。疲れてませんか？　痛いところはない？　ご飯は美味しい？　ヘンな咳が続いたり、不正出血などはないですか？　手のひらの色が赤かったり青かったり黄色だったら、内臓や血液に問題が起こってきている可能性があります。爪に段ができてきたり、たて線が目立っていたり、折れたり割れやすくなってたり、白っぽく曇ってきているようなら、ストレスが溜まっているしるし。メンタルケアが必要な時です。

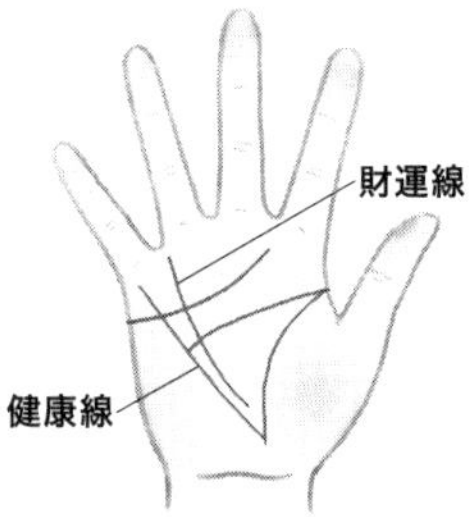

かたや、これが財運線なら吉相です。右手の生命線やその内側から小指と薬指の間に向かって流れているようなら、これは自分の能力と才能を活かして財を成していくという自力で大成功を収める相。左手に同じように現れているなら、家族からありがたい財を賜るというサインです。大喜びして財を活かす力を自分の中に蓄えていってください。

似ているようで、吉凶逆の意味を暗示する線ですが、冷静に今の自分の状況を眺めることでも、それがどちらなのか判断しやすいように思います。

tenohira column

手のひら予報プラス

手のひらには体からのメッセージも現れます

手のひらには全身のツボが集まっているといわれます。手のひらや爪の状態を注意して眺めたり、指で押して痛みを感じる部分はないかなどチェックすることで、健康状態を知る目安になったり、病気のサインを読み取る手がかりになったりと、手のひらから知る簡単な健康診断として活用できます。両手をよくもみほぐしていくだけでも全身から血行が良くなり、健康をキープする役に立ちます。

check 1

手のひらの色で好不調をチェック。

淡く赤みを帯びたピンク色なら、心身共に健康である状態です。赤みが強く目立つようなら心臓からの警告、高血圧気味でもあるのでは？　黄色っぽさが出ているなら肝臓に問題が、また、柑橘類の摂り過ぎが原因であることもあります。青っぽさが目立つようなら、ストレスや冷えからくる消化器系の働きに問題が出ています。全体的に白っぽいなら虚弱体質で貧血気味、呼吸器系統の疾患にも注意が必要です。

check 2

押して痛いツボをチェック。

手の表と裏、指と指の間、爪や爪の周辺を押したりこすったりして、痛みや痺れを感じる場所があれば、そのツボに当たる箇所に問題が生じている可能性があります。

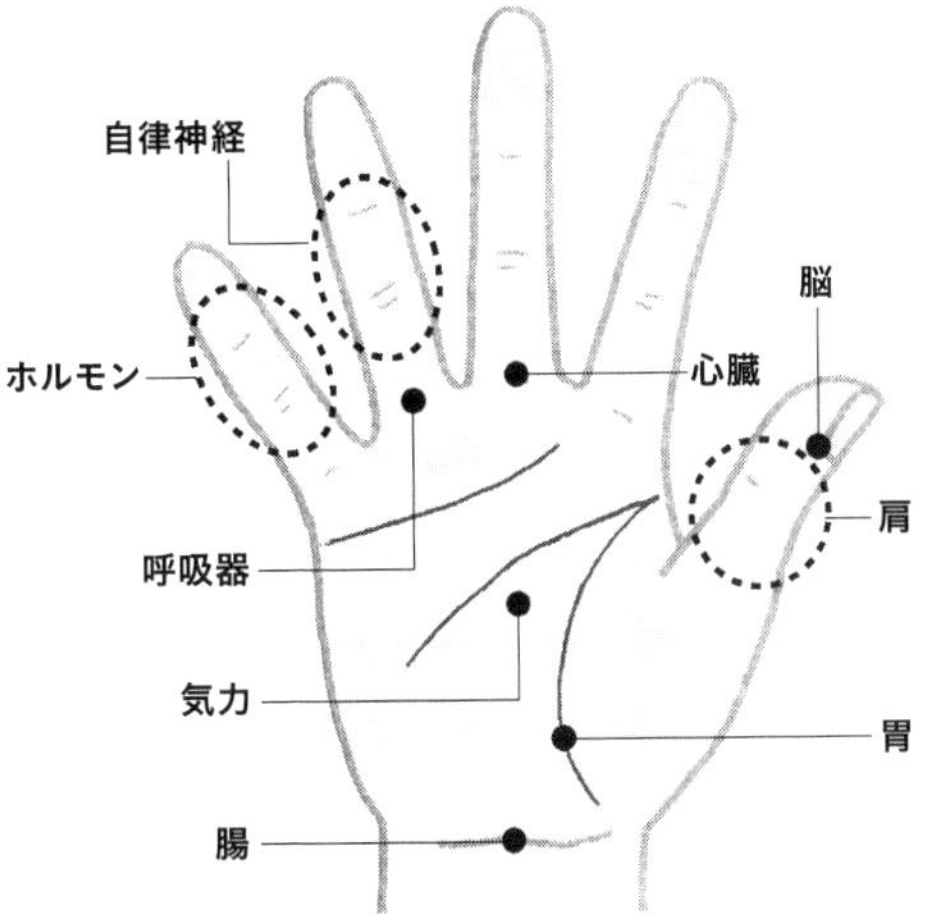

1 親指の爪の両脇は脳のツボ。判断力が欲しい時に押してみて。

2 やる気不足の時には、手のひら中央のツボ押しがおすすめ。

3 中指の付け根は胸のドキドキが収まるツボ。

4 薬指の付け根は息苦しさを感じた時に。

5 手首のツボを押すと、整腸効果あり。

6 肩こりは、親指の第一関節まわりをまんべんなく押すとスッキリします。

7 リラックスしたい時には薬指全体をもみほぐして。

8 小指の付け根と指全体の刺激はホルモンバランスの調整に。下腹部に痛みがあるときは押し過ぎに注意。

check 3

線の状態などから弱点をチェック。

手のひらには体の不調の兆しも現れます。今は全く自覚症状のない人も、代表的な体調変化のサインがないかどうか、手のひらをチェックしてみましょう。

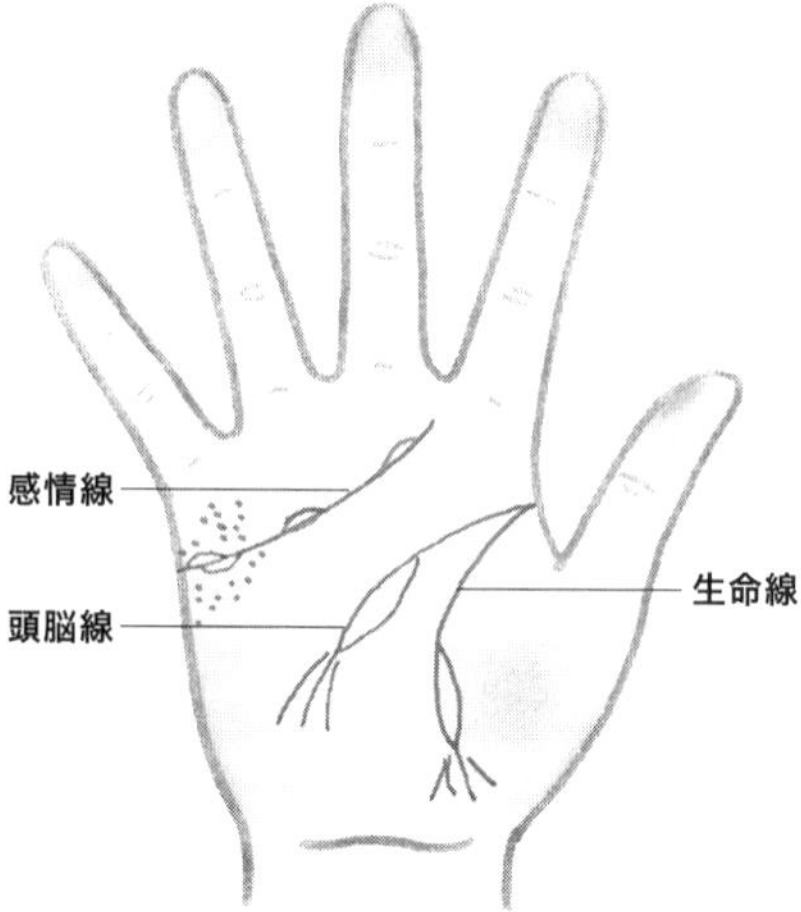

生命線の先端が島か枝毛状

生命線の下の部分は胃腸の状態を表す。島なら気の滞りから慢性疾患を注意。枝毛状ならストレスによる機能不全を暗示。

感情線の中指の下に島

心臓疾患に注意が必要。過度な緊張などから動悸や息切れ不整脈が起こりやすい。全体に赤みが強いと高血圧を警告。

感情線の薬指の下に島

視力低下やドライアイや白内障など目に関する弱点や疾患を暗示。目の酷使などに気をつけて。

頭脳線に大きな島

ストレスからノイローゼになったり、頭に血が上りやすい気質から脳の疾患に要注意。

感情線の小指の下に赤みや島

赤みが強いと子宮内膜症や婦人科系の炎症に注意。島が現れるのは子宮筋腫の警告。

親指の付け根が固い

ぎっくり腰や骨盤のゆがみなどから腰回りのトラブルが悪化しやすい。ストレッチが必要。

check 4

爪で心のストレスをチェック。

白い曇りやへこみや段差やささくれは要注意。心の乱れや不運の兆しは爪に現れます。

瘦せて凹みや段ができる

爪が凹んで薄くなるのは強いストレスが原因。爪は6ヶ月で生え際から上まで伸びるので、凹みの時期がいつかを振り返り、疲れた自分をいたわりましょう。

二重爪のように先がはがれる

ヒステリックな感情を抑え込んでいると気持ちももろくなり、爪が割れたり、折れやすくなります。心と爪の健康のためにも、カルシウムを十分摂って休養を。

爪を縦に走る線が出てくる

例えば、プライドとコンプレックスなど、相反する心がぶつかり合って葛藤が起きている状態。白黒つけるより、どちらも受け入れることも解決のひとつ。

爪の脇にささくれができる

夢と現実の間で、やりたいことがあるのになかなか達成できずに不平不満がたまっている状態。目先のことにとらわれず、おおらかに前向きになれば治ります。

もやもやした白い曇りがある

不安や悲しみで心が曇っている状態。無理に頑張ろうとしないで。時が経ち、新しい考え方が浮かび、希望の光が差した時に、白い曇りも消えていきます。

爪の周りの肉が盛り上がる

脱皮願望の現れです。現状が窮屈で変化したいのにそれを躊躇していたり、エネルギーが滞っている状態。勇気を持って自由になるための変化の実践を。

指のヨガ

手は表に現れた脳であるともいわれます。脳の指令が手を動かし、手を動かすことで脳にも刺激が送られています。特に指を複雑に動かすことで日常使われていない眠っていた脳を揺り起こしていくことも可能です。ボケの防止や能力トレーニングにも指の運動が効果を上げていますが、ここではもう少し複雑な指のヨガのようなものを紹介したいと思います。『蓮のポーズ』を試してみましょう。

1 指の姿勢を正し指の間をあけぬように合掌。

2 次に手の甲を合わせるようにして左右の4本の指を交差させます。この時指の付け根まで深く絡めます。

3 手のひらが上に見える形になったら、まず親指の先で小指の先を押さえます。

4 次に交差する中指を確認し、右の人さし指で左の中指、左の人さし指で右の中指の第二関節あたりをしっかりブロック。

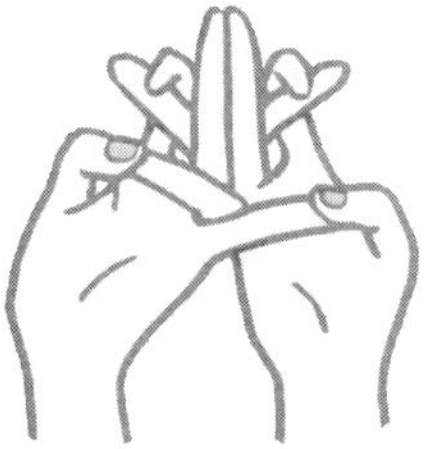

5 この時薬指だけが広く開いたVのようになっていますね。薬指の付け根から徐々にスライドさせるように動かしていき、薬指の爪と爪を合わせ直立させます。最初は少し合わせにくく痛いかもしれませんが、ここがこの指ヨガのミソの部分。慣れてくるうちに楽にできるようになっていきます。

6 このポーズのまま、親指の先で小指をストレッチ、人さし指にも力を入れ中指の先が上を向くようにします。

7 これで蓮のポーズ完成。薬指がまっすぐに上を向いていますか。確かめたらこのポーズのまま目を閉じて、深呼吸を繰り返します。目の高さから少し下、胸の上のあたりに静かに引き下ろすと、静かで力強い安定感を感じることができていきます。

指ヨガ開運法

◆指ヨガできれいな手相をつくりましょう。

グワッシ似のポーズ

中指と薬指の先を手のひらにつけ、残りの指をピンと伸ばします。金星環と指導線強化のヨガです。

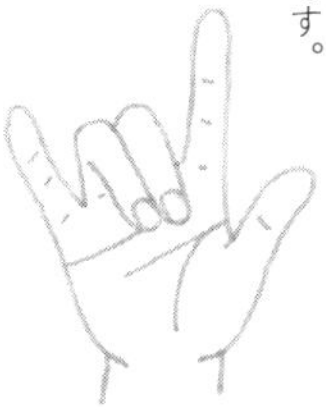

キツネのポーズ

影絵のキツネのポーズ。耳の部分を真上に、口先の3本の指先を真横に伸ばします。感情線、頭脳線、生命線強化のヨガです。

ニンジャのポーズ

小指、薬指、中指を内側に絡め、人さし指をピタリと合わせて伸ばして、親指を×に交差。集中力とやる気UPのヨガです。

シャキッとのポーズ

親指と小指の先をつけ、残りの3指を揃えて伸ばします。運命線、太陽線、財運線強化のヨガです。

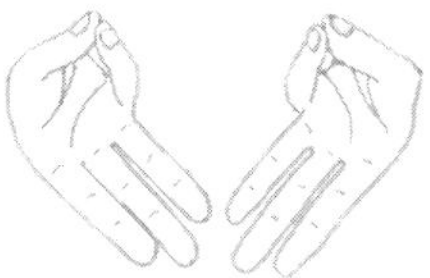

スネークのポーズ

左手をグーにして親指を上に伸ばし、その親指を右手のグーで包みます。左手の小指と右手の親指を伸ばすと、とぐろを巻いたヘビの形になります。親指が頭、小指がシッポで、頭とシッポを動かします。新たなる才能開花のヨガです。

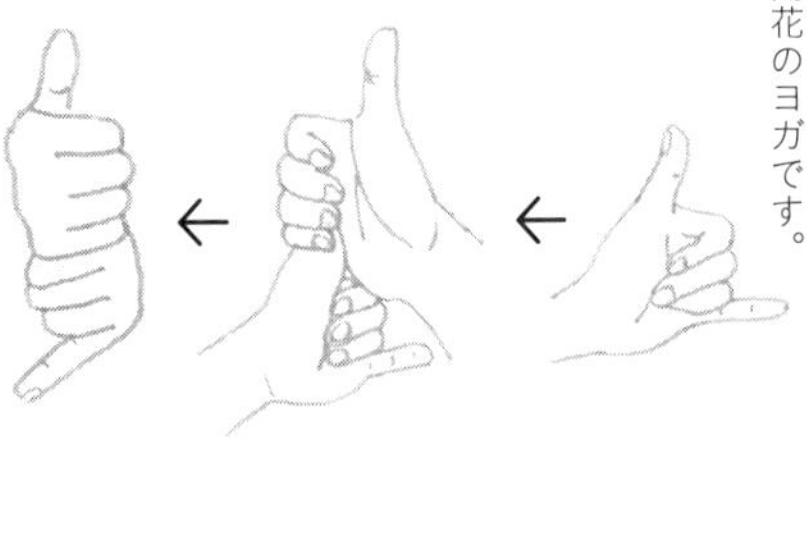

あとがき

私が初めて手相に興味を持ったのは、中学3年生の時でした。大好きなアーティストのポスターに写っていた彼の手相を観て、なんだかそこから何か特別な大切な意味が読み取れるような気がして、多分父の蔵書の一冊であっただろう手相の本を手に取ったというのが、思えばこの道へのきっかけとなりました。

あれから毎日のように手相を観続け、いつのまにかこれが今の本業ともなり、観れば観るほど手相の面白さに魅かれ続けている自分がいます。運命とは不思議なものです、目指していたわけではないのにこんなことになっちゃってるんですから…。

私は日々、原宿の片隅にあるテソーミルームで、一人一人のご相談者と向かい合い、手相を眺めながら、語り合ったり笑ったりたくさんの涙をみつめながら過ごしています。

手相観になって良かったなあと思えるのは、とにかくこの部屋で待っているだけで、さまざまな生き方をしているいろんな人たちに出会えることです。手相を観るということは、いきなり見ず知らずの人たちの心や運命と直接向かい合うということであり、そこから素直さや優しさや理解のようなものを学ぶことができていきます。多分本来は私はあまり優しい人間ではないのかもしれません。手相観はイコール優しさを学ぶ修行でもあるように感じています。多くの人から喜ばれているような感覚は、私に自信のようなものを与えてくれます。

地味な手相観である私をまずａｎａｎという華やかな光を持つ世界に引っ張り出してくださった淀川美代子さん、特集ページを作るたびに多大な手助けをしてくださる堀結実倖さん、そして本来は地味になりがちな手相の世界に華やかな元気の魅力を与えてくださるイラストレーターの上田三根子さん、今回デザインを担当してくださった寺田明子さん、そして誰より、長年にわたってナマケモノの私を見守り応援してくださった本書のクリエーターである瀬谷由美子さんに、心からの感謝をします。

私はやっぱり幸せ者です。つたない本ですが読んでくださったあなたにもどうぞ感謝をさせてください。ありがとうございます。

２００６年 初夏　　日笠雅水

イラスト／上田三根子
ブックデザイン／寺田明子

本書は『アンアン』掲載（2004年8月11日号／2006年5月17日号）の手相特集（監修・日笠雅水）を再構成し、
大幅に書き下ろしを加えてまとめました。エッセイはすべて書き下ろしです。

手《て》のひら予報《よほう》

2006年8月24日　第1刷発行

著　者　日笠雅水《ひかさまさみ》
発行者　石﨑 孟
発行所　株式会社マガジンハウス
〒104-8003
東京都中央区銀座3-13-10
電話　書籍営業部　03 (3545) 7175
書籍編集部　03 (3545) 7030
印刷所　凸版印刷株式会社
製本所　株式会社積信堂

ISBN4-8387-1710-5　C0095
乱丁・落丁本は小社書籍営業部宛にお送りください。
送料小社負担にてお取り替えいたします。
定価はカバーと帯に表示してあります。